W0288263

Collection « **HORIZONS SPIRITUELS** »
(dirigée par Marie-Béatrice Jehl) :

Lilla Bek : *Vers la lumière. L'éveil de vos centres énergétiques.*
Itzhak Bentov : *Univers vibratoire et conscience, ou l'émergence de l'essentiel.*
Ellen Breindl : *Hildegarde de Bingen. Une vie, une œuvre, un art de guérir en âme et en corps.*
Père François Brune : *Pour que l'homme devienne Dieu.*
Père François Brune : *Christ et karma. La réconciliation ?*
Mantak Chia : *Energie vitale et autoguérison.*
J.-C. Cooper : *La Philosophie du Tao.*
Dr Rüdiger Dahlke : *Mandalas : comment retrouver le Divin en soi.*
V.-R. Dhiravamsa : *La Voie du non-attachement. Pratique de la méditation profonde selon la tradition bouddhiste.*
V.-R. Dhiravamsa : *L'Attention, source de plénitude.*
Susanne Fincher : *La Voie du mandala. Comment créer et interpréter vos propres mandalas.*
Khalil Gibran : *La Voix de l'éternelle sagesse.*
Helmut Hark : *Cheminer avec les anges.*
Jean Houston : *Psychologie sacrée.*
Christmas Humphreys : *Concentration et méditation.*
John Matthews : *Vivre aujourd'hui la Quête arthurienne.*
John Matthews : *Vivre aujourd'hui la Quête du Graal.*
Henri J. M. Nouwen : *Invitation à la vie spirituelle.*
John Pepper : *Etre heureux, c'est possible…*
André Protin : *Aïkido, un art martial, une autre manière d'être.*
Swami Sivananda Radha : *Hatha Yoga : le langage caché. Symboles, archétypes et métaphore* (préface de B.K.S. Iyengar).
Dennis Rose : *Zen-management. Etre efficace autrement.*
Mouni Sadhu : *La Maîtrise du mental.*
Jean-Claude Sapin : *L'Art du T'ai-chi chuan.*
Jean-Philippe Schlumberger : *Yi king : principes, pratique et interprétation.*
René Sidelsky : *Le Pouvoir créateur de votre pensée.*
Thich Nhat Hanh : *La Sérénité de l'instant. Paix et joie à chaque pas.*
Thich Nhat Hanh : *La Plénitude de l'instant. Vivre en pleine conscience.*
Alan Wilson Watts : *L'Esprit du zen.*
Hildegunde Wöller : *Vivre le Christ intérieur.*
Dr Josephine Zöller : *Qi Gong : exercices énergétiques de santé.*

Cheminer avec les anges

Collection "**Horizons spirituels**"

L'AUTEUR :

Helmut Hark est né en 1936 en Poméranie (actuellement en Pologne). Après son doctorat de théologie, il prend la charge, en tant que pasteur, d'une paroisse à Hanovre, charge qu'il exercera pendant dix ans. C'est pendant ces années-là qu'il étudie la psychologie de Jung et effectue son analyse didactique.

Il vit aujourd'hui à Karlsruhe, où il exerce la profession de thérapeute, avec des fonctions multiples : en tant que délégué de l'Eglise évangélique du pays de Bade, il s'occupe des problèmes d'éducation et de famille. Il anime également des séminaires portant sur les rêves, l'Arbre de vie et la thérapie spirituelle. Enfin, dans son exercice de l'analyse jungienne, il accorde une large place aux anges.

Il est l'auteur de livres traitant de ces différents sujets. Le présent est le deuxième à avoir été traduit en français.

Du même auteur :

La Force de guérison de l'Arbre de vie (Editions Dangles ; 1994).

Helmut Hark

Cheminer avec les anges

Le message de nos compagnons spirituels

Traduit de l'allemand.

Editions Dangles
18, rue Lavoisier
45800 ST JEAN-DE-BRAYE

TITRE ORIGINAL ALLEMAND :

MIT DEN ENGELN GEHEN.
Die Botschaft unserer spirituellen Begleiter.

Edition originale allemande :

© 1993 by Kösel-Verlag GmbH & Co, München

Traduction française :

© Editions Dangles – St-Jean-de-Braye (France) – 1996

ISSN : 0397-4197
ISBN : 2-7033-0440-4

Tous droits de reproduction et d'adaptation
réservés pour tous pays.

A la mémoire de mon grand-père
qui me racontait les anges.

En reconnaissance
à mes parents disparus
qui sont allés parmi les anges.

Aux lectrices et aux lecteurs
en quête de voies nouvelles de spiritualité
et qui désirent se laisser porter par les anges.

Illustration de couverture :

Peinture d'Andrea del Verrochio : *Tobie et l'ange* (The National Gallery, Londres).

Introduction

Les anges sont les messagers de Dieu. Au plan symbolique, ils sont à regarder comme les personnifications du message divin. Ce qui, dans la parole de Dieu, est audible, devient visible dans leur manifestation et perceptible dans leur œuvre, par exemple en tant que compagnons secourables ou que gardiens. Cette expérience du pouvoir des anges constitue le thème central de ce livre. Je peux dire cela en vertu de ma propre expérience. En effet, dans ma cinquante-sixième année j'eus un rêve d'ange qui m'ouvrit à une nouvelle dimension spirituelle. Bien qu'à d'autres moments de ma vie la question des anges m'eût déjà préoccupé et que j'eusse déjà senti la protection d'un ange gardien en certaines situations de danger, c'est ce rêve que j'évoquais à l'instant qui fut l'événement qui me décida à m'intéresser de plus près aux anges.

Je me mis alors à explorer ce qui, hier et aujourd'hui, a été dit sur les anges. Il y a sur ce thème une littérature abondante. Il m'a fallu trier ce qui avait un sens par rapport à mes propres champs d'intérêt : le symbolisme et la psychologie des profondeurs. En tant que théologien et en tant que psychothérapeute travaillant sur les découvertes faites par Jung, l'important selon moi était de mettre en évidence de nouveaux chemins conduisant aux anges, des chemins adaptés à l'humanité actuelle. Des poètes comme Rose Ausländer ou Rainer Maria Rilke m'ont appris qu'il ne suffisait pas d'attendre passivement la manifestation et l'aide des anges, mais qu'il fallait aller délibérément à leur rencontre, « diriger nos pas » vers eux.

Le titre de ce livre m'est venu en contemplant un tableau d'Andrea del Verrochio (1435-1488), reproduit sur la couverture : nous y voyons l'ange Raphaël et le jeune Tobie marchant côte à côte. Le jeune homme semble fasciné par l'ange, il le regarde avec les yeux d'un amoureux. Il lui effleure la main, presque timidement. Pour moi, c'est un des rares tableaux d'anges à exprimer aussi clairement le rôle de l'ange en tant qu'indicateur de la voie spirituelle et que compagnon sur cette voie. Je laisse au lecteur le soin de découvrir d'autres détails intéressants de ce tableau. Je dirai simplement encore que la tendresse qui se dégage des deux personnages, les couleurs et les gestes expressifs pourraient indiquer un peu d'érotisme. Je reviendrai sur ce point au chapitre IV : l'érotisme de l'ange (1).

Mais Raphaël n'est pas seulement un ange gardien, un compagnon de route protecteur, il est essentiellement un guérisseur, ainsi que le dit son nom en hébreu : « Dieu guérit ». Pour moi qui suis thérapeute, médecin et guérisseur d'âmes, Raphaël est un « superviseur » spirituel. Il pourrait particulièrement aider et accompagner tous ceux qui exercent des professions liées à la guérison et au secours.

Outre cette aide apportée par l'archange Raphaël à titre individuel, celui-ci a également un rôle collectif à jouer, en particulier dans notre temps. Selon le livre d'Hénoch, apocryphe, Dieu a dit à Raphaël : « Sauve la terre abîmée par les forces mauvaises ; annonce à la terre son salut, que ses souffrances seront détournées. » Devant la catastrophe écologique qui nous menace, nous avons besoin des anges pour guérir la terre.

---

1. Peut-être pourriez-vous également faire une comparaison entre l'illustration de couverture et celle de la page 68.

Au plan de la psychologie des profondeurs, la signification des forces spirituelles des anges est, comme on le verra plus loin, prometteuse. (Cette approche particulière est sans doute nouvelle pour beaucoup.) Pour bien familiariser le lecteur avec le sujet, j'ai prévu un certain nombre de représentations d'anges accompagnées de légendes. De plus, à tel ou tel passage, j'essaierai d'associer le lecteur aux expériences d'anges qui sont narrées, en sorte qu'il soit mieux préparé à rencontrer son propre ange. De même que ma propre rencontre de l'ange-frère m'a ouvert plus largement la porte d'accès au monde spirituel, et m'a mis en contact avec les énergies de ce monde, de même je souhaite au lecteur de pouvoir, grâce à ce livre, diriger ses pas vers les anges.

A la fin d'un chapitre ou d'une rubrique, j'ai placé des « Affirmations », phrases-guides stimulantes. J'espère qu'elles seront parlantes pour vous. Lisez-les, puis laissez-les agir sur vous. Et si l'une d'elles vous parle tout particulièrement, répétez-la au moins quatre fois, en sorte que son sens puisse s'ancrer en vous. Pour ressentir leurs effets bienfaisants, il faudra sans doute vous armer d'un peu de patience. A l'avant-dernier chapitre de ce livre, vous trouverez aussi un certain nombre d'affirmations, de mots d'anges, lesquels pourront être employés dans les moments de désespoir plus particulièrement, ou dans la maladie. Dans ce chapitre toujours, vous trouverez finalement aussi des mots d'anges destinés aux enfants, lesquels sont adaptés à diverses situations les concernant.

Helmut Hark

(Karlsruhe, Epiphanie 1993).

CHAPITRE I

Mon frère-ange, un compagnon spirituel

C'EST donc un rêve que j'ai fait au printemps de ma cinquante-sixième année qui m'a décidé à m'occuper davantage des anges. Car mon intérêt pour eux est antérieur, ce que je raconterai plus loin. Ma révérence pour les anges et mon ouverture à eux ont certainement aussi contribué au fait que ces vingt dernières années, de plus en plus d'amis et d'analysés m'ont raconté leurs propres rêves d'anges. Tout cela m'a incité à écrire un livre sur le sujet, un livre qui laisserait une grande place à l'expérience subjective. (Je m'empresse de dire que l'idée était difficile à admettre à mon côté théologien et homme de science.) Le lecteur, donc, qui s'attend à trouver dans ce livre une analyse critique des anges, ou un simple exposé sur les anges s'inspirant de la littérature et des arts, sera déçu. Mon propos est de raconter les anges à travers des expériences vécues et d'inciter le lecteur à se faire sa propre idée sur le sujet.

Pour ce qui est de mon rêve, je conseillerai au lecteur de le lire, mais sans les associations et les significations que je donne ensuite. Qu'il l'intériorise pour ainsi dire, en sorte de laisser germer ses propres idées ou impressions.

Voici donc le récit de ce rêve :

Je suis avec mon frère, dans sa salle de séjour. Regardant autour de moi, je m'aperçois que la cloison entre le salon et la salle à manger a été enlevée et que l'espace est ainsi doublé. Puis mon regard se pose sur le mur d'en face. Je vois avec étonnement se former, à l'angle du mur et du plafond, une tache d'un vert pâle, comme une tache d'humidité. Elle grandit et ressemble alors à du cresson. Tandis que mon frère et moi, assis l'un à côté de l'autre, restons songeurs, une tête d'ange se dessine dans le vert. Puis cette tête sort du mur et s'approche de nous, devenant de plus en plus grande. Je sens le rayonnement et l'énergie qui en émanent. Et je prends peur. Se passe alors une chose étrange : à mesure que mon angoisse croît, l'apparition diminue et finit par se confondre avec le vert du mur. Je pousse un soupir de soulagement, comme quelqu'un qui vient d'échapper à quelque péril. Puis je repense à l'apparition, et aussitôt la face de l'ange se redessine et sort à nouveau du mur. J'ai la même réaction instinctive que deux ou trois minutes plus tôt. Cette fois-ci, l'ange s'approche encore plus près de nous et son visage devient aussi grand que nous. L'énergie émanant de l'ange s'intensifie et me fait trembler, comme si j'avais reçu une décharge en manipulant des fils électriques. Je cherche mon frère et remarque qu'il n'est plus là, que l'ange a pris sa place. Je me réveille, effrayé et tremblant.

Ma pensée se met aussitôt en route et bientôt s'immobilise sur la cloison séparatrice. C'est alors qu'il me revient en mémoire que mon père et ma mère s'étaient opposés au désir de mon frère (mon unique frère, qui est aussi mon aîné) d'agrandir sa salle de séjour en supprimant une cloison. Cette suppression les avait plus tard obligés à donner une chambre du premier étage au fils de mon frère. Je vécus difficilement ce conflit entre mes parents et mon frère. J'étais partagé entre les deux parties, car je comprenais fort bien les arguments de l'une et de l'autre. Aussi étais-je heureux d'habiter ailleurs la plupart du temps (je faisais alors mes études de théologie).

Cette cloison revêt donc une signification symbolique à mes yeux, celle de la querelle fratricide, si courante dans les familles. Les légendes et les contes en parlent, de même que la Bible. Ainsi dans l'histoire de Caïn et Abel, ou de Jacob et Esaü. J'accorde aujourd'hui encore à ce thème une grande place dans mes méditations et dans les séminaires que je dirige. Dans mon livre *Der Traum als Gottes vergessene Sprache* (le rêve, langage oublié de Dieu), j'ai même consacré tout un chapitre à l'apparition de l'ange à Jacob. Je comprends qu'à l'exemple de Jacob j'ai été conduit à une sorte de gué afin de régler un conflit secret qui m'oppose à mon frère.

De dix ans mon aîné, mon frère a toujours été un pragmatique. Pendant la guerre, il épousa même l'idéologie nazie. Moi, à l'inverse, j'étais un introverti dont l'« idéologie » était la théologie et la psychologie des profondeurs. J'avais cinq ans quand il m'humilia un jour (nos relations, ajouterai-je, étaient dans l'ensemble sans conflits majeurs). Alors que je me baignais nu dans une auge pour cochons, il cracha sur moi à plusieurs reprises. Une rage folle, mais vaine, s'empara alors de moi. Plus tard, au printemps de 1944, étant jeune soldat en Normandie, il fut abattu à coups de fusil. La même nuit, ma mère rêva d'un ange qui lui assura que son fils était vivant. Il revint effectivement, bien qu'estropié, invalide à 80 %. Il vit encore aujourd'hui dans la maison où s'est déroulé mon rêve.

Ma mère, qui avait parfois des rêves curieux, me sensibilisa très tôt au monde onirique, avant même ma naissance, comme elle me le raconta plus tard, quand j'eus 36 ans. A cette époque-là, en effet, nous parlions souvent de nos rêves, cherchant en quoi ils pouvaient nous renseigner sur l'organisation de nos deux vies et sur la spiritualité. (C'était pendant les années de ma formation comme analyste.) Ma mère, une simple paysanne et une chrétienne convaincue, vivait parfois des crises spirituelles au cours desquelles elle avait des apparitions d'anges. Etant enceinte de moi, elle appelait souvent sur moi la bénédiction de la prière en demandant que plus tard je suive une voie spirituelle. Elle souhaitait aussi que les rêves aient une part importante dans ma vie, que je comprenne leur langage imagé. Peut-être désirait-elle secrètement que je réalise dans ma propre vie des rêves qu'elle n'avait pu réaliser dans la sienne. Elle me raconta aussi qu'un jour elle avait demandé à son père d'atteler les chevaux pour la conduire en ville et lui acheter un luth. Elle voulait chanter pour l'être en gestation qui était en elle, en s'accompagnant de cet instrument. Mais mon grand-père fit la sourde oreille, il craignait qu'elle ne fût ainsi détournée de ses occupations et en oubliât de nourrir la volaille ou de traire les vaches. Mais, me dit-elle en clignant de l'œil, elle insista tellement qu'un jour mon grand-père finit par la conduire en ville et lui acheta le luth qu'elle désirait tant. Alors les soirs de l'été 1936, installée sous le bouleau devant la maison, elle chanta souvent cet air : « En cette heure tranquille, les rêves viennent me caresser, ils amènent jusqu'à moi de joyeux compères, des esprits invisibles. Qu'ils me parlent des terres de mon pays, des plages lumineuses et des sombres forêts. »

Ces mots, « les rêves viennent me caresser », elle les chantait avec intensité, exprimant ainsi son vœu de me voir doté d'un don particulier pour les rêves. Aujourd'hui encore, cette histoire m'émeut beaucoup. Je suis persuadé que je dois à ma mère, tant mon attirance pour les rêves que mon accès au monde des anges.

Mon grand-père bien-aimé, le maître forgeron Albert Hark, m'a lui aussi familiarisé avec le monde des anges. De même, je suis persuadé que sa foi a attisé en moi une curiosité pour les choses de l'esprit. Il possédait en outre un don de guérison spirituelle qui ne cessa de m'impressionner dans mon enfance, et qui a dû orienter mon choix professionnel. Jusqu'en 1945, date de notre exode, il s'occupait de moi pendant que mes parents étaient aux champs. Il n'était pas rare qu'il entende une voix intérieure, ou un ange, lui dire de se rendre au chevet d'un malade de notre paroisse. Ou bien des anciens de la paroisse venaient le chercher pour prier avec eux auprès d'un malade. Ses prières prenaient appui sur l'épître de Jacques (chap. 5) où il est dit : « Quelqu'un parmi vous est-il malade, qu'il appelle les anciens de l'Eglise, et que les anciens prient pour lui l'oignant d'huile au nom du Seigneur ; la prière de la Foi sauvera le malade, et le Seigneur le relèvera ! » A son retour à la maison, il aimait à s'isoler la plupart du temps. Mon âme d'enfant sentait alors qu'il avait vécu une expérience mystérieuse. Dans les jours qui suivaient, je le priais de me raconter un peu ces sessions de prières de guérison, ce qu'il faisait, éveillant ainsi en moi de la curiosité pour le monde spirituel. Après de tels entretiens, mon grand-père posait parfois sa main sur ma tête en signe de bénédiction ou il disait une prière.

Je suis convaincu que tout cela a contribué à me faire aimer la théologie et la psychologie, et a favorisé mon ouverture au monde des anges.

Puis il y eut ce rêve d'ange et les événements de ma vie que je lui associai. L'âge que j'avais alors, cinquante-six ans, marque pour moi l'entrée dans la troisième tranche de la vie, celle où la question d'une nouvelle spiritualité se pose assez souvent. Je diviserai ma vie en trois parties importantes. La première, qui va jusqu'à mes vingt-huit ans, correspond aux années de formation pendant lesquelles je me préparais à la fois à assumer mes devoirs d'adulte et à embrasser une profession. Les vingt-huit années suivantes furent celles d'un adulte se partageant entre les devoirs d'un père de famille de quatre enfants, et ceux de son métier. Pendant dix ans j'eus charge d'âmes, comme pasteur d'une paroisse de Hanovre. Ma formation analytique se fit pendant ces années-là, tout comme ma spécialisation dans la thérapie par les rêves, que j'exerce maintenant avec passion depuis vingt ans. Cette expérience à la fois de pasteur et de thérapeute, je l'ai relatée dans un mémoire développé autour du thème du symbolisme religieux des rêves. Quant à ma vie intérieure, dont j'ai esquissé les trois principales étapes, elle m'a conduit à l'aube de la troisième tranche de ma vie, à des interrogations spirituelles qui se reflètent dans le rêve que j'ai raconté plus haut.

En méditant sur ce rêve, la première chose qui me vint à l'esprit fut le titre : *Mon frère-ange,* car la place qui fut d'abord occupée par mon frère le fut ensuite par l'ange ; mon frère se confondit avec l'ange. Cette association me parut d'abord étrange, dans la mesure où le cliché habituel veut que l'ange soit de nature féminine. Les nombreuses représentations d'anges qui défilèrent à ce moment-là dans ma tête, vues dans des livres d'art, vinrent d'ailleurs me conforter dans cette idée. Puis, me remémorant à nouveau le visage de l'ange dans mon rêve, je lui trouvai des traits à la fois masculins et féminins. Je restai quelques minutes sur cette impression, quand le visage rond de ma sœur me revint soudain en mémoire. Celle-ci était morte en 1945 du typhus près de Greiswald, alors que nous fuyions la Poméranie. Elle avait dix-sept ans. Le jour de mes neuf ans, ma mère et moi étions les seuls à nous recueillir sur sa tombe. Pour me consoler, elle me dit que ma sœur était maintenant un ange. Anne-Marie, c'était son prénom, avait effectivement été mon bon ange pendant les premières années de ma vie. Elle s'était occupée de moi comme une mère, et l'amour qu'elle me prodigua sur la route de l'exode me consola bien des fois lorsque ma pensée allait aux lapins, aux veaux, à Molly – le chien de la maison – ou à d'autres animaux encore de notre ferme dont j'avais dû me séparer. Comme elle m'était apparue à plusieurs reprises en rêve dans le milieu de ma vie, j'en conclus qu'elle avait été l'aimée de mon âme d'enfant, la première à recevoir mes sentiments d'amour. Quarante-six années plus tard, elle m'apparaissait transfigurée. Dans mon rêve, en effet, elle avait revêtu les traits du visage de l'ange. Quant à son corps, il s'était changé en celui de mon frère. J'ai déjà raconté comment ma mère elle-même vit en rêve un ange qui la rassura sur son fils au moment où il échappait de très peu à la mort.

C'est en mettant par écrit ces connections que je compris finalement que mon frère-ange avaient aussi certains traits essentiels de ma sœur. Ce qui corroborait une idée qui m'était venue quelques années auparavant, à savoir que l'image qu'un homme ou une femme a de Dieu ressemble à celle qu'il a de ses parents, ou à l'image intériorisée de ses parents. Ce qui est également le cas de mon ange personnel. Mais entendons-nous bien : mon frère, comme ma sœur, ne sont pas les éléments essentiels de mon rêve. C'est l'ange qui tient le rôle majeur, car il est apparu à l'endroit où le mur rencontre le plafond, c'est-à-dire à la jonction de la verticale et de l'horizontale.

Un autre élément capital de mon rêve fut la dynamique même de l'ange et son action particulièrement intense sur moi. Cette énergie qui émanait de lui, je l'ai comparée plus haut à du courant électrique. Très peu de mes rêves ont causé pareille frayeur et pareils tremblements en moi. Au moment où j'écris le mot « frayeur » je me rappelle soudain que dans la Bible les premiers mots d'un ange sont : « Ne craignez point ». A propos de la nuit de la Nativité, il est dit que les bergers furent saisis d'une grande frayeur. Les rencontres d'anges provoquent donc de la crainte, de la frayeur. Si nous ajoutons à cela de la vénération, il en résulte une crainte respectueuse. C'est très exactement le sentiment que j'ai éprouvé pendant ce rêve d'ange. L'ange qui a ensuite pris place à ma droite marque ma vénération pour les anges, la droite étant généralement réservée aux personnes de haut rang.

Le message de mon rêve, je le récapitulerai comme suit :

❐ L'apparition du visage de mon ange m'a ouvert les yeux sur la réalité spirituelle extérieure et intérieure. Au commencement de la troisième partie de ma vie, je reviens aux anges de mon enfance et sais que dorénavant je dois veiller à cheminer avec mes propres anges, à rester réceptif à ces compagnons spirituels.

❒ Les images et les symboles de mon rêve m'ont indiqué que l'espace créé par la suppression de la cloison qui avait séparé les deux chambres est à entendre comme un élargissement de conscience. La tête d'ange, mon ange de la face (c'est le nom qu'il me plaît de lui donner) m'a renvoyé aux deux hémisphères du cerveau qui ensemble forment une unité. A la fin de mon rêve, l'ange avait pris place à ma droite.

❒ Mon rêve, comme toutes les expériences spirituelles d'aujourd'hui et du passé, témoigne de ce que les anges apparaissent réellement (aussi à la faveur de visions ou d'imaginations) et qu'ils laissent des marques profondes dans la psyché. Après avoir exagéré l'importance du cerveau droit, de la pensée logique et rationnelle, nous commençons actuellement, obéissant en cela à un besoin de spiritualité, à rétablir un certain équilibre entre les deux hémisphères cérébraux, lequel est favorable aux apparitions d'anges.

❒ Les énergies angéliques ont provoqué en moi de la frayeur et des tremblements d'un côté, de la vénération et du respect de l'autre. Parlant du sacré, Rudolf Otto employait les termes de *tremendum* et de *fascinans* pour décrire cette double répercussion.

❒ Dans mon rêve, le visage de l'ange s'est dessiné dans le vert qui s'était formé dans l'angle entre le mur et le plafond. Travaillant et méditant depuis des années sur la force du vert – la « viridité » de sainte Hildegarde de Bingen (1), une idée très riche – j'ai le sentiment que mon âme reverdit et que cette « viridité » a manifesté en moi la dynamique de l'ange. Quant au lieu de l'apparition de l'ange, le point de rencontre entre le mur et le plafond, il évoque la réunion de l'horizontale et de la verticale.

1. Le lecteur consultera avec profit l'ouvrage d'Ellen Breindl : *Hildegarde de Bingen. Une vie, une œuvre, un art de guérir en âme et en corps* (Editions Dangles, 1994).

❐ Enfin, j'aimerais citer cette invocation contenue dans les Psaumes : « Fais luire ta face sur ton serviteur, sauve-moi. » Ce verset m'est devenu cher au fils des années, et très important. Rétablissement, santé, guérison, complétude sont des mots-clefs dans ma pratique thérapeutique et mes propres efforts pour atteindre à l'individuation. A mes yeux, le visage de l'ange et tout autre symbole analogue ont la vertu de libérer les énergies divines ou spirituelles du Soi. Dans les semaines qui suivirent mon rêve, j'eus en effet à plusieurs reprises le sentiment d'une plus grande complétude et, si j'en crois certains, j'agissais aussi d'une manière plus totale. Cela ne veut pas dire que j'étais devenu comme un saint, bien que je découvrisse m'être encore rapproché des Saintes Ecritures et de la spiritualité vivante. J'en suis profondément reconnaissant à mon ange-frère. Sans compter que c'est aussi lui qui, finalement, m'a incité à écrire ce livre.

Pour conclure, j'aimerais vous associer à ces expériences spirituelles que j'ai vécues. Peut-être qu'en lisant le récit de mes expériences d'enfant avec mon ange gardien, vous est-il revenu en mémoire ce temps plus ou moins reculé de votre propre vie où vous-même croyiez aux anges ? Et peut être vous sentez-vous maintenant l'envie de renouer avec ces expériences spirituelles, de retrouver le fil qui vous reliait avec votre ange personnel. En disant cela, je n'essaie pas de vous persuader de renoncer à la raison ! mais seulement d'associer aussi votre cœur à cette quête dont l'objectif est de déblayer à nouveau votre accès aux eaux vives de la spiritualité longtemps restées taries.

J'espère, et en tout cas souhaite, que le récit de mon rêve vous aura incité à devenir attentif à vos propres rêves, au fait que vous aussi pourriez découvrir en eux, ici ou là, des symboles ayant vertu de guérison ou des signes vous permettant d'améliorer votre vie. Bien des fois dans les séminaires que je donne sur l'interprétation des rêves, des participants se plaignent de mal comprendre le langage de leurs rêves. Vous pourriez être dans cette même situation, et avoir besoin d'aide. C'est une telle aide que j'aimerais à présent vous procurer.

Pour cela, je vous conseillerai d'abord d'imaginer que vous m'avez raconté un de vos propres rêves. Après vous avoir écouté attentivement, je vous demanderai de m'indiquer quelles associations vous faites entre ce rêve et votre vie proprement dite.

A ce stade, vous porterez votre attention sur vos conflits actuels pour essayer de comprendre comment ils se reflètent dans les images de votre rêve.

Il arrive que vous-même, ou d'autres personnes, apparaissiez dans vos rêves de manière surprenante, pas du tout comme à l'ordinaire. Il faut alors tenir compte du fait établi par la psychologie des profondeurs que toute personne dans un rêve, ou tout autre motif, peut traduire un élément de votre personnalité qui pose problème. Tout comme l'assemblage des pièces d'un puzzle demande parfois bien des efforts, de même les différents éléments de votre personnalité, dont un certain nombre ont été réprimés, demandent à être assemblés pour former une image globale.

En certains rêves, vous identifierez des images ou des symboles qui ont sur vous un fort retentissement, ou dont vous sentez qu'ils ont pour vous une signification toute particulière. Vous êtes à la fois l'auteur et le metteur en scène de vos rêves, de sorte que, avec un peu de patience et de persévérance, vous finirez par déchiffrer leur langage imagé. Je signalerai enfin qu'il existe des cours publics, des séminaires ou des ateliers privés offrant des initiations aux rêves. Chacun peut apprendre à déchiffrer ses rêves, comme il apprendrait à déchiffrer une langue étrangère. Je clorai cette introduction sur un conseil auquel j'ai souvent recours dans mes séminaires :

Ne passez pas votre vie à rêver,
Vivez vos rêves !

Tête d'ange, par Fra Angelico.

Ce séraph entouré des deux ophanim flamboyants, peu anthropomorphe, est plus conforme aux visions traditionnelles (miroir de bronze du VIe siècle, découvert à Alep).

L'ange de la face

L'ANGE de la face est un prototype d'ange assez peu connu. Etre ailé à l'état pur, il appartient à la hiérarchie des Séraphins. La plupart des Séraphins sont représentés avec six ailes. L'artiste qui a réalisé ce miroir pourrait s'être inspiré de la Bible, de la vision d'Isaïe (chapitre 6). Dans la Bible il est question tantôt de la face de Dieu, tantôt de la face d'un ange. Par exemple Etienne, le martyr, qui interrogé par le Sanhédrin, fut rempli par l'Esprit et donc fit preuve d'une sagesse extraordinaire, est dit avoir eu un visage semblable à celui d'un ange. La psychologie des profondeurs considère cette face comme un aspect symbolique de ce qu'Erich Neumann appelle le Grand Rond, c'est-à-dire l'expression physique de la guérison et de la complétude chez un être humain. L'ange de la face qui dans mon rêve a pris la place de mon frère m'a permis de prendre conscience de la fraternité spirituelle qui m'unit aux êtres supérieurs du monde de l'esprit. Dans la littérature ésotérique et spirituelle, l'ange et d'autres esprits spirituels sont désignés comme « les frères [et sœurs] d'en haut ». C'est à eux que j'ai été relié par mon rêve, de sorte que les énergies spirituelles ainsi exprimées ont pu faire œuvre de guérison en moi. Elles ont guéri sur un plan supérieur mon traumatisme d'enfant, celui que j'avais subi cinquante ans plus tôt avec l'exode et la mort de ma sœur. Jadis, pendant les cultes, je faisais souvent cette prière : « Fais luire ta face sur ton serviteur, sauve-moi. » Cela, lié au rayonnement de l'ange de la face dans mon rêve, a été à l'origine d'un déversement en moi de forces spirituelles de guérison. J'ai pu ainsi voir et sentir certaines pièces manquant au puzzle que constitue l'image que j'ai de moi.

Mais l'ange de la face peut aussi se manifester dans d'autres symboles de forme ronde, lesquels produisent sur nous une impression indélébile, tant à travers des rêves qu'à travers des œuvres d'art. Eux aussi ont vertu de nous guérir, car ils complètent l'image actuellement morcelée que nous avons de nous-mêmes, ou bien l'organisent autrement. Peut-être éprouvez-vous l'envie en ce moment de réfléchir à certains symboles qui se sont exprimés dans votre vie, à l'état de veille ou dans vos rêves, en sorte de mieux pouvoir intégrer leurs énergies ou forces de guérison. Pour cela, vous pourriez répéter plusieurs fois les deux affirmations ou phrases directrices ci-dessous.

Affirmations :

❒ J'aspire à une vie pleine et à une âme qui soit ronde et belle.

❒ Dans la face de l'ange je reconnais ma propre image.

CHAPITRE II

Le retour des anges

De nombreux témoignages attestent actuellement du retour de l'ange. Je donnerai plus loin des exemples et présenterai des textes qui en éclairent le sens. Pour commencer, je voudrais énoncer quelques causes possibles de ce phénomène, finalement cyclique, comme le sont également le jour et la nuit, le soleil et l'obscurité. Au rationalisme unilatéral et au matérialisme, succède une époque plus spirituelle, où les anges apparaissent *de nouveau* aux hommes. Aujourd'hui, beaucoup de gens s'intéressent à la psychologie, ils sont attentifs aux images et aux messages de leur âme, c'est-à-dire à de nouvelles voies de spiritualité.

La psychologie des profondeurs propose, elle, une seconde cause au retour des anges à travers le processus dit *de compensation* entre le conscient et l'inconscient. Quand un mode de vie, une émotion ou une valeur, ne trouve pas sa place dans le conscient, il est refoulé et disparaît dans l'inconscient, cette instance qui englobe les couches profondes et obscures de l'âme. Un jour, pourtant, c'en est trop, et il se produit ce qu'on appelle un *retour du refoulé.* Quelle que soit l'action thérapeutique, elle prend en compte ce contenu oublié, l'analyse et le traite, ce qui est clairement mis en évidence dans cette image de la langue allemande : les névroses doivent former des roses nouvelles (1) !

Chacun d'entre nous peut comparer son évolution intellectuelle et spirituelle à l'épanouissement d'une rose. Cet épanouissement, Jung lui a donné le nom d'« individuation ». C'est un processus permettant une meilleure communication avec autrui, de mieux aimer, de mieux travailler, d'être plus créatif, mais aussi de redécouvrir la dimension spirituelle en notre propre âme. Ce canal de liaison en notre âme est précisément le chemin emprunté par l'ange pour venir jusqu'à nous.

Le symbole de ce canal était autrefois l'échelle ou l'arbre. L'échelle la plus connue étant celle du rêve de Jacob dressée contre le ciel, sur laquelle des anges montaient et descendaient (Genèse 28). Le texte biblique parle d'abord de *montée* des anges au ciel, ce qui sous-entend qu'ils séjournent sur la terre et chez l'homme. Or, si l'on interroge les hommes d'aujourd'hui, la plupart diront que les anges appartiennent au monde spirituel ou divin, et que c'est de là qu'ils se manifestent à nous. Ces deux conceptions, qui sont opposées, correspondent à des images différentes du monde, lesquelles influencent notre représentation de celui-ci. Mais dans les toutes nouvelles représentations du monde, les conceptions opposées, diamétralement opposées, ont tendance à disparaître. Le monde extérieur et le monde intérieur sont souvent comparés à une médaille : l'on n'en voit qu'une seule face à la fois, mais les deux sont indissociablement liées, et cela vaut tout autant pour le bas et le haut, pour hier et demain, pour l'humain et le divin.

Le point de vue symbolique paraît précieux dans l'explication des phénomènes d'ordre spirituel. En effet, tandis que la pensée classique, la logique rationnelle, parle d'une opposition irréductible entre les anges et les hommes, la perspective sym-

1. Jeu de mots intraduisible : névrose se dit en allemand *Neurose,* d'où *neu-Rose,* rose nouvelle (N.d.T.).

bolique nous fournit une « échelle », un canal spirituel, qui permet une mise en relation des anges et des hommes. Et ce qui vient d'en être dit fournit déjà un indice important qui nous permet de comprendre mieux le retour actuel des anges. Les anges, en tant que personnifications des forces et des énergies divines, nous relient à celles-ci en toute crise spirituelle. Ils sont des messagers de Dieu, des médiateurs. Contemplateurs de la face de Dieu, ils nous transmettent de son éclat et ainsi œuvrent à notre épanouissement.

Pour ma part, les années de formation analytique, surtout d'après la psychologie des profondeurs de Jung, ainsi que l'analyse didactique, en me familiarisant avec les couches profondes de mon âme et leurs contenus, m'ont permis de gagner un point de vue nouveau sur les anges. Les anges, j'ai pu le vérifier, ont une action thérapeutique. Ils nous guérissent, mais aussi nous « sanctifient ». Ce qui jette un pont entre la thérapie et la spiritualité. Mes connaissances et ma pratique de la thérapie m'ont permis de vérifier la conviction de Jung, à savoir qu'elle est facteur de guérison dans la mesure où elle ouvre l'âme aux énergies spirituelles.

Nous en arrivons ainsi finalement aux anges en tant que phénomène proprement spirituel en relation avec la crise de notre temps. Les anges peuvent nous faire découvrir une nouvelle spiritualité. Il est beaucoup question de spiritualité actuellement. On en parle de diverses façons, lesquelles sont parfois source de confusion. Mes années d'étude de la théologie m'ont permis d'acquérir de bonnes bases en ce domaine. De ce temps-là, j'étudiais souvent la Bible, notamment ses récits d'apparitions d'anges. Je vous proposerai donc que nous examinions ensemble les anges en tant que compagnons pouvant nous faire découvrir une nouvelle voie spirituelle.

Une apparition d'ange. Peint par Marc Chagall à Witebsk
en 1917-1918, sous le titre de *Un rêve peint.*

Les anges de Chagall

Marc Chagall est le plus grand, le plus célèbre peintre d'anges du siècle. C'est un rêve qu'il a fait à Saint-Pétersbourg en 1910 qui lui a révélé le monde des anges. Comme il l'a lui-même écrit :

« Il fait noir, quand tout à coup le plafond de ma chambre s'ouvre avec fracas et qu'un être ailé fait irruption. Il n'y a plus alors que mouvements et nuées vaporeuses. Battements d'ailes. Je me dis que c'est un ange qui est là. Je ne peux pas ouvrir les yeux, la lumière est trop éclatante. Après avoir parcouru tout l'espace de ma chambre, l'être ailé s'élève à nouveau et disparaît dans le plafond par des fissures. De nouveau il fait noir. Je me réveille. Mon tableau *l'Apparition* évoque ce rêve. »

Le bruit et les vibrations spirituelles du rêve sont suggérés dans le tableau par des ailes. Ces ailes, on peut les regarder comme symbolisant les vibrations cosmiques. Nombreuses sont les peintures de Chagall, en particulier celles qui représentent, outre des couples d'amoureux ou d'autres scènes teintées d'érotisme, des anges dont émanent des vibrations de caractère érotique. Comme le précise Alfons Rosenberg (1), « les formes qui expriment l'ange sont très diverses. Souvent ce sont des messagers bibliques, mais ce peut être également des génies figurant l'amour ou des esprits élémentaires ailés. Quant aux animaux ou aux choses ailés, ils expriment le souffle de l'Esprit présent en toutes choses. Chez Chagall, en effet, choses et êtres n'ont pas la fixité que leur prête la logique réductrice. Pour lui, toute la création est en mouvement, en devenir. A tout instant il peut s'y produire quelque chose d'inconcevable ou d'imprévisible. Pour Chagall, les anges symbolisent la création en mouvement, animée par la force d'amour et d'esprit. »

De par ses origines, Chagall porte en lui la mystique du judaïsme de l'Europe de l'Est ; à ses yeux, il est important

1. *Chagall traümt Gott* (Chagall rêve Dieu) (Furche, 1965).

de vivre Dieu en et par le monde. A cette conception il faut ajouter l'expérience de l'Eros divin dans l'amour humain. Cette mystique de l'ici-bas, dont Chagall porte l'héritage, postule que Dieu peut devenir visible soudain dans les fleurs et les pierres ou dans l'amour entre un homme et une femme. Chagall nous apprend à regarder les apparences comme imprégnées de l'esprit et de l'amour de Dieu.

CHAPITRE III

Aspects d'une spiritualité nouvelle

PAR spiritualité, j'entends les expériences-limites qui ne sont pas exactement définissables du point de vue du corps de matière, ou du point de vue des seules forces de l'âme, car elles dépassent l'un et l'autre domaine. La spiritualité élargit notre champ d'expériences, elle permet de dépasser ce qu'on appelle la condition normale. C'est sans doute le terme d'exaltation ou de passion qui serait le plus apte à la définir. Quand une chose ou quelqu'un nous passionne, cela libère en nous de l'énergie, une énergie qui, en principe, n'est pas disponible en d'autres circonstances. La passion, l'exaltation, va de pair avec un sentiment extraordinaire de vie, lequel se traduit dans le corps par une vitalité hors du commun, dans l'âme par une imagination fertile, dans l'esprit par l'inspiration qui peut donner libre cours à des idées très créatrices.

Dans le domaine religieux ou spirituel, l'inspiration est comparée à un « souffle » transmettant à l'homme des instructions divines ou une science particulière. Parmi les inspirés les plus connus, citons les prophètes de l'Ancien Testament et la Pythie, la voyante du temple de Delphes. Pour recevoir les oracles, elle s'asseyait sur un escabeau au-dessus d'une fissure de la terre d'où s'élevaient des vapeurs. Il faut aussi mentionner la transe extatique et l'inspiration des chamans : ceux-ci obtiennent l'état voulu en s'aidant de battements de tambour, de danses et aussi de narcotiques. Le chaman, pour développer ses dispositions métapsychiques, doit suivre un entraînement méthodique ; ce sont elles qui, exaltées, le mettent en contact avec le monde des esprits.

Il me paraît important de rappeler que dans l'Antiquité déjà, le « souffle » n'était pas seulement donné à ce qu'on pourrait appeler des spécialistes, mais aussi aux poètes et aux artistes. Cette observation est valable pour tous les temps. Ceux qui, aujourd'hui, parlent de spiritualité, font état d'expériences qui sont en rupture avec la vie ordinaire. Pour décrire ce qui se passe, ils parlent parfois d'une étincelle qui jaillit en eux à la faveur d'une expérience personnelle hors du commun ou d'un contact avec un maître spirituel. Les sentiments particulièrement profonds ou les intuitions profondes quant au sens de la vie sont également associés à la spiritualité. Le sentiment extraordinaire d'exaltation, évoqué plus haut, est lui aussi d'ordre spirituel. Certains le qualifient de numineux. Une action aussi dynamique peut avoir pour cause un objet visible, un symbole par exemple, ou bien une force invisible. Le numineux ne peut être suscité ou contraint par la volonté humaine. Car le numineux, outre qu'il est une expérience extraordinaire, nous saisit entièrement.

Selon Jung, il nous met en présence d'une force si puissante que nous ne pouvons lui résister. En lui nous sommes confrontés à une puissance persuasive, qui nous éclaire sur notre destinée. Le numineux est une expérience religieuse, au sens où il transmet une image de Dieu, personnelle ou collective. De même qu'un complexe pathologique ou un champ énergétique sur-personnel peut faire irruption dans la conscience d'un psychotique, de même nous pouvons être inspirés, grâce au numineux, par un monde spirituel sur-personnel.

La spiritualité est un état d'esprit bien particulier, dont il est difficile de donner une signification exacte. La psychologie des profondeurs développée par Jung la décrit comme un état dans lequel opère une sorte de force intuitive permettant de transcender le quotidien et le normal. Ce franchissement de frontières donne lieu à des expériences qui élargissent le champ de conscience d'une personne. La personne qui est ainsi saisie par l'Esprit devient capable de relier en soi-même des événements qui sont séparés dans la conscience ordinaire, voire de concilier des contraires, et de trouver du sens en cela. La spiritualité permet de décrypter les perceptions sensorielles à un niveau profond et d'intégrer ces informations dans la globalité de la personne.

Dans une vie gouvernée par l'esprit, par la spiritualité, les symboles vivants et le Soi, en tant que centre énergétique de l'âme, ont une signification et un rôle de première importance. Jung a accordé une importance primordiale au Soi dans ses recherches, ainsi qu'au potentiel inimaginable que possède la personne dans son intégralité. Face au moi en tant que sujet actif, il y a le Soi, la centrale énergétique de la personne dans son intégralité. Le Soi est ce qui permet de comprendre les opposés inhérents à la nature humaine, tout comme les multiples paradoxes du bien et du mal, et les expériences spirituelles. Peut-être serait-il bon de se représenter le Soi comme le lieu en soi-même (l'âme) où se manifeste l'esprit divin. Le Soi s'exprime dans les processus de régulation de l'organisme, comme dans les vécus de l'âme. Il est le commencement et la finalité de tout processus de développement allant dans le sens de la complétude. La réalisation de la complétude passe nécessairement par des expériences de ce type à l'intérieur de la personne. Dans certains processus, notamment de deuil, les opposés pathogènes sont transcendés grâce à l'action de symboles inhérents au Soi. Les rêves, les mythes et les contes contiennent de tels symboles. Ceux-ci peuvent mettre en scène des figures, comme le roi, le héros, le prophète ou le guérisseur, ou bien des formes comme le cercle, le carré ou le yin et yang chinois, et manifester le jeu de la lumière et de l'ombre, du bien et du mal à l'intérieur du Soi.

J'aimerais à présent décrire le rayonnement du Soi et ses effets du point de vue de quatre modalités fondamentales d'expérience, lesquelles ont chacune une répercussion spirituelle sur la personne : le processus de guérison et la capacité d'amour, la confiance en soi et tout système de vraies valeurs. Nous allons aborder séparément ces quatre aspects. Le processus de guérison psychothérapeutique fait une percée décisive avec le déblocage des sources vivifiantes du Soi, ce qui permet une progressive résorption des troubles fonctionnels du moi et des distorsions névrotiques. Tout thérapeute averti sait que la guérison et la complétude ne sont pas le résultat de l'application d'une méthode, mais de l'action du Soi. Bien des patients ainsi guéris deviennent capables de relations humaines de plénitude et, pour autant qu'ils sont croyants, également d'une relation de confiance avec Dieu. Pour beaucoup, la guérison est le terreau même de l'expérience du sacré. Dans la langue allemande, il y a une relation étroite entre le mot *Heil* (sacré) et le mot *Heilung* (guérison). Au plan étymologique, ces deux mots sont comme deux branches issues d'un même tronc. Ce qui, par association, met en lumière la fonction du Soi.

Un autre aspect qui souligne la spiritualité du Soi nous est révélé par le lien étroit entre la confiance en soi et la confiance en Dieu. J'ai constaté à maintes reprises, au cours d'entretiens thérapeutiques, que même des patients ouverts au christianisme étaient incapables d'avoir confiance en Dieu aussi longtemps qu'ils n'avaient pas retrouvé la confiance en eux-mêmes. Ce terme de confiance en soi n'est pas à associer à l'ego, il signifie que la personne a la conviction de sa propre valeur du fait qu'elle est en contact avec les sources de son soi supérieur, spirituel.

La capacité d'aimer croît elle aussi au contact des sources vivifiantes du Soi. L'amour s'inscrit dans la durée lorsqu'il vient sous influence du Soi et que son énergie est sans cesse renouvelée dans les profondeurs de l'âme. Entendu en son sens plénier, l'amour est à la foi sexualité, érotisme et sentiment que ces expériences complexes ont une justification spirituelle. Tout cela est intimement lié dans l'amour total. En lui, il y a à la fois amour de soi-même, de l'autre et de Dieu. Ces trois plans d'amour sont expérimentés ensemble quand la force d'amour est issue du Soi. La relation avec le Soi détermine de même le système de valeurs d'une personne. Les décisions importantes dans la vie d'un être humain doivent être prises non seulement en tenant compte des faits extérieurs, mais aussi de la voix qui s'exprime intérieurement, qui peut être aussi bien la voix de Dieu parlant à la conscience. Mais la vie étant quelque chose d'extrêmement complexe, on ne sera pas surpris si je dis que, dans certaines situations, les valeurs inspirées par le Soi ou les conseils donnés par la voix intérieure peuvent se révéler ambigus, de sorte qu'il faut être très vigilant quant aux décisions qui seront prises. Mais c'est déjà beaucoup de pouvoir être en contact avec le Soi et avec Dieu, car la personne voit au moins les directions qui sont possibles. L'homme doit obéir à Dieu plutôt qu'aux hommes, dit un précepte biblique. Traduits en des termes propres à la psychologie des profondeurs, cela signifie : il faut être bien plus à l'écoute du Soi et de la voix intérieure que de la morale collective. Qu'il y ait des convictions ne devant pas procéder du moi, mais jaillir du Soi – c'est là quelque chose qu'il serait bon d'admettre.

Nous venons de décrire rapidement les quatre modalités fondamentales d'expérience que doit connaître quiconque désire le bien-être : la guérison et le retour de la confiance en soi, la faculté d'aimer et la conscience des valeurs propres au Soi. Ces expériences ont déjà un grand prix en elles-mêmes. Elles constituent en effet les fondations d'une dimension supérieure, que l'on peut désigner par le Soi ou tout simplement par le mot de spiritualité.

A partir de ces différents aspects, la psychologie des profondeurs nous propose un éclairage qui élargit et approfondit notre compréhension des anges. Les anges étant des passeurs de frontières, ils peuvent nous accompagner et nous aider à franchir les frontières de la « normalité », à les faire éclater. Par l'intermédiaire des rêves, ils nous ouvrent à de nouveaux espaces de vie, intérieurement et extérieurement. Ils nous emplissent de l'Esprit, nous inspirent ; ils nous exaltent pour de nouveaux projets, pour entreprendre, ce qui finalement élargit notre vie et la guérit.

Selon mon interprétation des anges, ceux-ci sont un symbole dans le Soi. De même que le moi et la conscience forment l'axe du moi et du Soi, ainsi les anges sont les énergies d'organisation du Soi. C'est là un modèle de communication avec les anges. Lorsque nous nous engageons dans la voie permettant la rencontre d'anges, que nous portons, comme nous y engage Rose Ausländer, nos pas « vers les anges », notre confiance en nous-mêmes croît à nouveau, et avant tout notre confiance en l'influence salutaire du Soi, la demeure même des anges. Non seulement les anges ont le pouvoir de nous inspirer, mais aussi celui d'érotiser, c'est-à-dire d'éveiller en nous des catégories de sensations qui dans la vie normale restent latentes. Selon un mythe ancien, c'est l'énergie d'Eros qui guérit la nature blessée de l'homme.

L'Ange libérant saint Pierre, peinture de Raphaël.

Paul Klee : *Angelus Novus,* 1920 (musée d'Israël à Jérusalem).
« Tout ange est terrifiant » (Rainer Maria Rilke).

L'ange de Paul Klee

L'*Angelus Novus* de Paul Klee nous montre une nouvelle figure d'ange, une figure qui parle à l'homme d'aujourd'hui. Lorsque, quelques mois après mon rêve d'ange, j'ai découvert cette carte par hasard, je me suis senti immédiatement interpellé, car cet ange ressemble beaucoup à celui de mon rêve. En effet, la tête est d'une grosseur disproportionnée par rapport au corps. Selon mon interprétation, la tête, chez l'homme et chez l'ange, est le siège de l'âme-esprit. Celle-ci n'est pas à considérer comme une représentation abstraite, mais doit être vue au moyen des différents canaux de perception, comme le montre l'ange de Klee. Les yeux, les oreilles et la bouche sont particulièrement accentués : l'artiste nous rappelle ainsi que l'ange se montre, se fait voir ou entendre et que sa bouche nous transmet un message. Une lumière dorée coule des yeux de l'ange et rejoint par un large canal son « cœur », qui est symbolisé par une tache rouge. Les bras levés et les mains suggèrent la forme d'un vase recueillant, pour les intégrer dans la personne, les influences du monde spirituel.

Cet ange, en position complète d'accueil, nous renvoie à la fonction médiatrice des anges, qui est de transmettre aux hommes des messages du monde divin et de la réalité spirituelle. Afin de souligner cette fonction, Klee a représenté les « cheveux » à la manière d'antennes orientées dans toutes les directions. Et regardons attentivement les pieds : ce sont des pattes d'oiseau. L'artiste veut nous rappeler ainsi que les anges viennent à nous à la manière d'oiseaux.

Si nous regardons attentivement cet ange dans sa totalité et le laissons agir en nous, nous remarquerons qu'il se compose de trois parties. L'imagination active m'a permis de reconnaître en cet ange l'Arbre de Vie. Il est possible que Klee l'ait volontairement structuré selon l'Arbre de Vie, car il connaissait la Kabbale. Sa tête correspond aux trois champs d'énergies du ternaire spirituel (*Binah* = intelligence, *Hokhmah* = sagesse, *Kether* = couronne), la région des bras et de la partie supérieure du corps appartiennent, dans l'Arbre de Vie, aux trois champs d'énergies émotionnels (*Geburah* = forces et énergies destructrices, *Hesed* = grâce, douceur, amour et *Tiphereth* = beauté, énergies végétatives). Au ternaire inférieur sont associées toutes les expériences temporelles et spatiales (*Hod* = communication, délimitation, *Netsah* = vitalité, naturel, force non encore mûrie, *Yesod* = justice, équilibre, balance).

Dans mon interprétation thérapeutique de l'Arbre de Vie selon la psychologie de Jung (1), j'ai maintes fois fait mention de ses correspondances symboliques avec les anges. Il y a bien plus à dire sur l'*Angelus Novus* de Klee, mais je m'arrêterai là. Les personnes souhaitant comprendre cette peinture du point de vue purement artistique pourront consulter des livres conçus dans ce sens.

1. Voir, du même auteur : *La Force de guérison de l'Arbre de Vie* (Editions Dangles, 1994).

CHAPITRE IV

L'érotisme de l'ange

En guise d'introduction à ce thème, je vous inviterai à regarder attentivement l'illustration de couverture de ce livre. Laissez-vous porter, autant que vous le pourrez, par les couleurs et les gestes, par l'expression du visage de l'ange et par le regard radieux de Tobie amoureux. Puis, vous porterez votre attention sur le mouvement des mains et des pieds. Et peut-être voudrez-vous aussi découvrir par vous-même en quoi la relation entre les deux personnages est érotique.

Je vous donnerai pour finir mes propres vues et associations qui m'ont permis de constater l'existence de vibrations érotiques entre Tobie et l'ange. J'évoquerai tout d'abord les yeux de Tobie, qu'Andrea del Verrochio a peints comme ceux d'un jeune homme amoureux. L'ange a les yeux baissés et, selon toute apparence, suit ses propres pensées, ce qui n'empêche pas Tobie de le regarder avec des yeux resplendissants. Il ne prête d'ailleurs pas la moindre attention au flacon contenant l'onguent que l'ange tient contre son cœur. Il semble plutôt inquiet de lire dans les yeux de l'ange. Comme toute personne amoureuse, Tobie projette ses propres sentiments sur le « toi » bien-aimé.

Selon moi, Andrea del Verrochio a fixé sur sa toile l'échange de regards, chargé d'émotion, qui a lieu au moment où

Raphaël entretient Tobie de la beauté et de l'intelligence de la lointaine Sara, et où il éveille le jeune homme effarouché à son premier amour. L'ange sait aussi libérer Tobie de sa peur d'Asmodée, le mauvais démon, qui a tué chacun des sept maris de Sara, chaque fois pendant la nuit de noces. Il apprend à Tobie qu'en faisant fumer le cœur et le foie du gros poisson qui voudra l'avaler, il chassera le démon et connaîtra ensuite le bonheur avec Sara. Ensuite, l'ange conclut ses encouragements par ces mots : « Ne crains pas, car c'est à toi qu'elle a été destinée depuis toujours. C'est toi qui la sauveras, elle ira avec toi, et je gage que tu en auras des enfants qui seront pour toi comme des frères ; ne te tracasse pas » (Tobie 6, 18). Puis il est dit que lorsque Tobie eut entendu les paroles de Raphaël il aima beaucoup Sara et que son cœur s'attacha à elle. Cette inclination de Tobie, l'amour naissant dans son cœur, rayonne de ses yeux et vient se projeter sur l'ange.

Quand nous parlons d'amour avec quelqu'un, nous sommes pris, presque à notre insu, dans le champ des énergies érotiques en l'âme de la personne aimée. La légèreté donnée par les sentiments d'amour a été rendue par le peintre grâce au mouvement flottant de la cape de Tobie et les ailes de l'ange, lesquelles contiennent du rouge. Chez l'ange, la couleur rouge, symbole de l'amour et de l'érotisme, est visible à la fois dans ses ailes et dans les lacets de ses sandales, alors que chez Tobie, dont le cœur est déjà pris d'amour, le rouge pulse dans ses jambes. Le collant rouge dont il est vêtu indique de manière symbolique que Tobie est déjà bien amoureux. Cette force d'amour et d'érotisme, Andrea del Verrochio l'a peinte dans un autre détail encore : la position du pouce chez Tobie. Son pouce, en effet, touche le poignet de l'ange. De l'expression populaire allemande, avoir son pouce sur quelque chose, qui signifie porter son attention à ce quelque chose, l'on peut déduire que ce geste est déjà en soi-même un symbole d'amour. Et cela vaut pour l'expression picturale comme pour les rêves.

Une autre manifestation de l'érotisme de l'ange peut être déduite de ses pieds nus enserrés dans des lacets rouges. Tobie, quant à lui, a les pieds et les mollets encore littéralement ficelés. D'où l'on peut conclure qu'il n'est encore pris par l'amour de la tête aux pieds, alors que l'ange paraît l'être, bien qu'avec une certaine retenue, de façon plus intériorisée. L'érotisme symbolique des pieds, qui se manifeste souvent dans le langage imagé des rêves, est également présent, bien que de manière plus déguisée, dans la célèbre chanson populaire allemande : *Lorsque coulent les petites fontaines.* Un des couplets dit en effet : « Si l'on m'interdit d'appeler mon trésor, je lui fais des signes et lui marche sur le pied. » Mais Tobie n'en est pas encore là ; pour le moment il est tout ouïe et tout yeux pour l'ange, il attend d'être instruit dans les choses de l'amour.

Dans notre tableau, l'image de l'eau coulant des petites fontaines et celle des sentiments amoureux est suggérée par des gestes de tendresse et d'affection et par des formes ondoyantes. Les sentiments amoureux éveillés par l'ange sont analogues à de l'eau qui coule. Les entretiens thérapeutiques m'ont appris combien profond, essentiel même, est le besoin de relations tendres et affectueuses chez l'être humain. Il est à remarquer que ce besoin est plus fort chez les personnes qui travaillent depuis plusieurs années sur des ordinateurs. Lorsque les écluses de leur âme s'ouvrent la nuit grâce au rêve, les partenaires intériorisés de leur âme émettent souvent une forte énergie d'attraction érotique et/ou sexuelle, laquelle peut donner le ton, pour plusieurs jours, à leurs humeurs et imaginations. Parmi les images oniriques, celle d'un ange fait parfois irruption. C'est le cas dans les crises spirituelles et les situations-limites. Cet ange alors peut nous remettre en mémoire une spiritualité dont nous avions pratiquement oublié l'existence. Dans l'expérience globale de la personne, les fantasmes érotiques et les énergies spirituelles s'interpénètrent continuellement, comme nous pouvons le remarquer dans la représentation du yin et du yang. Cette interpénétration, perceptible aux sens, peut avoir pour objet de « donner de l'âme » à nos relations concrètes et, par suite, d'avoir des relations satisfaisantes avec nous-mêmes et notre moi profond, la demeure même de l'ange.

Pour conclure, je vous convie à une interprétation symbolique subjective de l'image dans son ensemble, une interprétation mettant en scène tous les détails (qui vaut également pour les rêves, où les différents personnages sont à envisager par rapport au rêveur lui-même). Selon cette représentation, l'ange signifie le moi spirituel de Tobie, sa personnalité plus ample, plus englobante. Ce soi-là, pour nous qui observons l'image, est très clairement représenté par la taille même de l'ange – qui est plus grand que Tobie. De là, on peut déduire que Tobie est préparé à vivre une relation concrète avec la belle et intelligente Sara par l'apparition de l'image intériorisée de son âme (l'anima). Dans l'amour profond il y a le sentiment que l'on est depuis toujours destiné l'un à l'autre. C'est d'ailleurs ce que l'ange, entendu au sens d'une voix intérieure, dit à Tobie alors qu'ils cheminent ensemble : « C'est à toi qu'elle a été destinée depuis toujours. »

Parmi les projections érotiques de fascination, il convient de citer l'amour de jeunes femmes pour des hommes plus âgés, ou l'amour de femmes d'un certain âge pour des hommes plus jeunes. Ce thème est aujourd'hui souvent traité par provocation, et on le retrouve dans bien des publications. Pour moi, il est intemporel et se reflète également en partie dans notre tableau. Je vous laisse en juger par vous-même.

En parlant dans ce chapitre de l'érotisme de l'ange, c'est avec l'intention de rappeler une qualité et une action quasiment oubliées de cet être spirituel. Par leur rayonnement, les anges éveillent ou réactivent en nous des sentiments que la plupart d'entre nous ressentent uniquement en présence d'un être aimé. Les peintres et les poètes dans l'œuvre desquels le motif de l'ange est présent connaissent bien cette action en profondeur et ils ont le pouvoir d'éveiller en nos propres profondeurs le souvenir du rayonnement érotique des anges. L'érotisme des anges c'est ce sentiment magique que nous éprouvons en présence d'un ange. Il y a intensification de nos perceptions sensorielles et de nos émotions, et je ne connais pas d'autre mot que celui d'*érotisme* pour la décrire. Peut-être pourrais-je parler d'une joie à la limite de l'inconcevable qui nous saisit en présence d'un ange, d'un état où nous sommes projetés hors de l'ego.

L'érotisme de l'ange repose sur le fait que notre âme et l'ange vivent une relation qu'on peut appeler fraternelle. Dans certaines traditions spirituelles, la gnose par exemple, les anges sont considérés comme des images de l'âme. D'où une relation d'amour érotique entre l'âme et l'ange. Notre ange, en tant que compagnon spirituel, peut en même temps être la personne que nous aimons en secret. Ceux qui voudront se faire une idée plus précise du rayonnement érotique des anges pourront consulter à cet effet des livres d'art, mais je leur recommanderai de ne pas se limiter à des représentations chrétiennes, d'aller regarder aussi dans d'autres traditions où souvent les anges dégagent une volupté plus grande que les anges chrétiens.

Ceux qui voyaient jusqu'ici les anges comme de purs esprits, verront dans mes propos sur leur érotisme une véritable provocation. Ceux à qui cette notion est déjà familière trouveront, par contre, évidents ce rayonnement ou ces vibrations érotiques. Comme je l'ai déjà dit, l'érotisme doit être entendu ici au sens de l'action d'unc force d'excitation dans l'âme. Les énergies érotiques sont à l'œuvre chaque fois qu'un être humain atteint à la spiritualité vivante ou bien quand un malade de l'âme fait une percée dans la guérison après bien des efforts accomplis pendant des années de thérapie. Dans les guérisons psychiques et dans l'accomplissement du salut spirituel c'est Eros, à mon avis, qui est à l'œuvre. Cette force de guérison, érotisante, qui agit dans les imaginations ou dans les rêves apparaît de nos jours sous les traits d'un ange. Platon décrit le rapport entre Eros et la guérison dans son mythe de l'androgyne originel qui voulait ressembler à Dieu. En châtiment de son orgueil, il fut brisé et coupé en deux. Depuis, ces deux êtres distincts se cherchent l'un l'autre dans la pulsion érotique. Platon assigne à Eros la mission de guérir la nature ainsi mutilée !

A côté des effets salutaires de l'érotisme de l'ange, il convient de parler aussi de sa fonction de médiation. Comme les anges habitent le monde intermédiaire entre le Divin et l'humain, ils sont également des messagers, des intercesseurs entre Dieu et les hommes. Or l'érotisme a une signification et une fonction analogues. C'est lui qui gouverne la dynamique relationnelle entre un homme et une femme, tout comme entre partenaires de même sexe. Il est cette force qui émane de part et d'autre et qui les attire l'un vers l'autre. Cela vaut bien évidemment aussi pour les choses, les animaux, la musique ou toute œuvre d'art. Eros est à l'œuvre en toute relation d'ordre perceptuel. Eros est par conséquent une propriété de la psyché, un principe agissant en toute relation. La seule réserve que l'on peut émettre est que la force érotique n'agit pas toujours de façon claire. Eros peut aussi bien régner sous le masque de la puissance. Les thérapies, ou les simples entretiens de conseil, me l'ont prouvé amplement. En outre, chacun de nous peut observer, chez lui-même ou chez ses proches, combien souvent la volonté de puissance masque de l'érotisme qui a été refoulé et qui est à peine perceptible. Cette problématique, illustrée de cas précis, pourrait remplir tout un livre (1).

Mais revenons à l'érotisme de l'ange. Quand nous travaillons sur les anges, quand nous les admirons dans des œuvres d'art, quand nous les imaginons ou quand ils nous apparaissent en rêve, il arrive que nous soyons mus par des sentiments érotiques ou que les vibrations érotiques opèrent en nous une

1. R. May : *Der verdrängte Eros* (l'Eros refoulé) (Hambourg, 1970) – W. Schubart : *Religion und Eros* (la religion et l'Eros) (Munich, 1978).

transformation. Alors une dimension nouvelle de vie se révèle à notre conscience, qui avait été enfouie sous le quotidien. Cela peut advenir aussi pendant une crise spirituelle, quand notre personnalité figée ou notre mode de vie bien tracé se fissurent et qu'un trait de lumière nous atteint soudain, provenant du monde des anges. Cette lumière, qui tombe dans notre être trop étroit, éclaire notre âme et opère un élargissement de notre conscience. La lumière provenant du monde des anges éclaire la représentation du monde que nous portons tous en nos profondeurs et qui, trop souvent, demeure cachée. Elle nous permet d'accomplir notre véritable destinée, ce qui donne lieu à d'intenses transformations. La lumière venue du monde des anges nous ouvre les yeux sur un monde nouveau, tout comme le sentiment amoureux. Lorsque le mot amour est compris de manière globale, qu'il est entendu comme englobant les dimensions à la fois du corps, de l'âme et de l'esprit, il englobe aussi la dimension érotique. Comme l'amour est un des mots clefs de la religion chrétienne, et que Dieu est lui-même décrit comme étant amour, nous avons là un pont débouchant sur la force érotique des anges en tant que messagère de Dieu.

Pour illustrer l'érotisme entre les anges et l'âme, je vous proposerai de faire un voyage dans la relation d'amour érotique racontée par un conte antique, celle d'Amour et de Psyché. *Amor* (Amour en français) est le nom latin qui traduit le grec Eros, lequel est souvent représenté dans l'art comme un ange.

Amour et Psyché

Amour et Psyché est un des récits les plus ravissants qui soient (2). Psyché, avec ses ailes de papillon, nous fait penser à un être délicat qui s'échappe de son enveloppe grossière ; trop beau pour cette terre, il s'en éloigne et s'épanouit dans

2. Voir l'interprétation de ce conte dans *la Psychologie sacrée,* de Jean Houston (Editions Dangles).

l'ascension. Aimée et comblée par Amour, Psyché devient son épouse et partage le bonheur des dieux. Le nom même de Psyché désigne aussi bien le papillon que l'âme. Dans ce conte, les jeux subtils de la mort et de la vie se déroulent comme dans un théâtre d'ombres où l'on voit les personnages derrière un voile léger.

Sur la terre, Psyché était la plus jeune des trois filles d'un roi. Sa beauté était si éclatante qu'aucun mortel n'osait la demander en mariage. Ainsi, elle resta seule. A la suite d'un oracle, ses parents et ses amis, vêtus comme pour des funérailles, la conduisirent jusqu'au sommet d'une haute montagne. Ils gravirent des pentes escarpées et l'abandonnèrent au bord d'un précipice. Mais sitôt seule, elle fut doucement transportée par Zéphyr jusqu'à une plaine charmante, illuminée par l'éclat d'un palais de cristal et là, une fois posée, elle fut aimée par Amour. Amour l'embrassait tendrement et manifestait à son égard une passion vibrante et généreuse, mais demeurait invisible. Souvent, il mettait en garde Psyché contre sa curiosité : elle perdrait son amant si jamais elle voyait son visage.

Des jours et des nuits de bonheur passèrent. Psyché jouissait paisiblement de son bonheur céleste quand le désir lui vint de revoir ses sœurs. Elle demanda à Zéphyr de les lui amener et Zéphyr, complaisant, exauça son vœu. Ce fut pour son malheur. Les sœurs, mises dans la confidence de ses amours avec un amant invisible, lui dirent que cela n'était pas normal, qu'Amour avait quelque chose à cacher, que peut-être il était un monstre horrible, qu'il fallait éclaircir le mystère, enfin elles dirent toutes ces sortes de choses qui viennent naturellement à l'esprit des personnes indiscrètes et malveillantes. Rongée par le doute et l'inquiétude, Psyché céda aux sollicitations pressantes de ses sœurs. Munie d'une lame acérée et d'une lampe à huile, elle s'approcha de la couche d'Amour endormi mais, au lieu du monstre qu'elle s'attendait à voir, elle découvrit le plus beau des dieux. Troublée, elle fit un mouvement maladroit et une goutte d'huile tomba de sa lampe sur l'épaule d'Amour. Celui-ci se réveilla et vit Psyché munie de son poignard. Alors il se mit en colère et l'abandonna.

Désespérée, Psyché ne pensa plus qu'à se détruire et se précipita dans un fleuve. Les flots la déposèrent doucement sur l'autre rive et là, Pan, le dieu des Troupeaux, la consola et l'assura que, si elle le désirait, elle pourrait obtenir son pardon. Pendant ce temps, les sœurs de Psyché qui souhaitaient voir les suites de leurs funestes conseils sur les lieux mêmes de leur forfait, gravirent une montagne élevée jusqu'au sommet afin que Zéphyr les transportât comme les fois précédentes. Confiantes, elles sautèrent dans le vide, mais cette fois, Zéphyr (le vent d'ouest), les abandonna et elles s'écrasèrent dans les profondeurs du gouffre. Ainsi expièrent-elles leur jalousie et leur trahison.

Psyché se mit en route pour retrouver Amour. Elle erra sur toute la surface de la terre, en vain. Alors elle implora Vénus, la suppliant de bien vouloir obtenir miséricorde, mais la déesse, jalouse de sa beauté et courroucée par cette demande, lui imposa les épreuves les plus sévères et les travaux les plus pénibles, pratiquement impossibles à accomplir. Pourtant Psyché y parviendra, avec l'aide d'êtres bienfaisants envoyés par Amour qui l'aimait encore. Mais elle devra expier longtemps sa sottise avant que le bonheur qu'elle avait détruit redevienne possible. Vénus lui intima l'ordre de descendre dans les mondes souterrains (les Enfers), d'obtenir de Proserpine une petite boîte contenant de la beauté et de la lui rapporter. Une fois de plus, Psyché crut qu'elle devrait mourir, mais une voix lui donna de sages avis et lui enseigna le moyen d'éviter le danger.

Elle devait se munir de gâteaux pour apaiser Cerbère et de pièces de monnaie pour payer Charon. Les pièces de monnaie, elle devait les porter dans sa bouche, comme il est d'usage chez les morts. Elle devait ne pas venir en aide au vieillard putréfié qui nage dans le fleuve, ne pas aider les vieilles femmes tisserandes. Auprès de Proserpine, il lui faudrait s'asseoir par terre, refuser les mets raffinés et ne manger que du pain noir. Mais surtout, elle devait se garder d'ouvrir la boîte destinée à Vénus. Ainsi conseillée, Psyché vint à bout de toutes les épreuves, à l'exception de la dernière. Revenue à la lumière du jour, elle ne put résister à la curiosité et en souleva le couvercle. Alors se répandit un sommeil de mort qui l'envahit tout entière.

Heureusement, Amour vola à son secours, renferma le sommeil dans sa boîte et supplia Jupiter, le maître de l'univers. Devant les dieux assemblés parmi lesquels se rangeait Vénus, enfin apaisée, Jupiter déclara Amour et Psyché unis par les liens du mariage. Le chœur des dieux chanta, accompagné de la lyre, et célébra la réception de Psyché parmi les immortels.

Analysant ce conte à la lumière de la psychologie des profondeurs, Erich Neumann écrit : « Psyché inaugure un nouveau principe d'amour, fondement du processus d'individuation. Avec son acte, la douleur, la faute et la solitude sont nées dans le monde, c'est-à-dire les douleurs de l'individuation (3). » Par son amour pour Eros, Psyché vit l'éveil à sa féminité, tout comme les êtres humains réalisent leur vraie vocation spirituelle avec la rencontre de leur ange. Neumann écrit : « En reconnaissant, grâce à la lumière, que son amant est un Dieu, Psyché relie le haut et le bas. » Comme les anges, en tant que messagers du monde divin, relient les hommes avec ce même monde, ainsi Eros est lui aussi un médiateur. Ce conte, avec ses multiples étapes, montre que le chemin de l'individuation féminine et celui qui conduit au monde spirituel via l'amour, sont intimement associés car Eros est l'ange de l'amour. Référons-nous encore une fois, pour conclure, à ce qu'en dit Erich Neumann : « Psyché se développe au contact d'Eros, de l'amour qu'elle ressent pour son amant, mais aussi pour elle-même. »

---

3. Erich Neumann : *Amor und Psyche* (Walter, Olten, 1971). Les sources de ce conte sont les *Métamorphoses d'Apulée* (IV, 28 à VI, 24). Zéphyr est le vent d'ouest comme symbole du souffle de l'esprit et de la jubilation érotique.

On peut en dire autant de l'homme. Lui aussi a besoin de l'amour et de l'érotisme de l'ange et de son anima pour se trouver, trouver le Soi et le monde spirituel.

Revenons à présent à la force stimulant l'âme, la force érotique des anges. De cette force témoignent également ceux qui ont eu des expériences proches de la mort et qui ont ainsi entrevu le monde des anges. Ils sont tous d'accord pour dire avoir ressenti un profond sentiment de paix, une volupté, un bonheur quasi inexprimable en mots. Ce ravissement né au contact des anges, je l'interprète pour ma part en tant que joie érotique, celle produite par la vision de leur lumière divine. La vibration érotique comporte toute énergie capable de relier le ciel et la terre.

Une telle expérience de la beauté et de la volupté des anges est attestée par le prophète Mahomet : « Tout à coup, Gabriel, l'archange, descendit jusqu'à moi dans sa forme particulière, d'une telle beauté, d'un tel éclat sacré, d'une telle majesté que toute ma maison en était illuminée. Il est d'une blancheur plus claire que la neige, sa face est d'une beauté rayonnante, les boucles de ses cheveux tombent en longues tresses, son front est orné d'un diadème de lumière sur lequel est écrit : Il n'y a de Dieu qu'Allah ! Lorsqu'il m'approcha, il me prit dans ses bras, m'embrassa entre les yeux et dit : “Oh, l'endormi, vas-tu encore dormir longtemps ? Lève toi ! Je veux te conduire tendrement. N'aie pas peur car je suis Gabriel, ton frère !” (4) »

Le baiser de l'ange, ses manières délicates et, surtout, sa beauté qui sont assez longuement décrits, procèdent, selon moi, de l'érotisme de l'ange. Avicenne (980-1037), médecin et philosophe perse qui a beaucoup influencé le christianisme latin, notamment saint Thomas d'Aquin, a écrit sur la beauté de l'ange et sur l'ardeur amoureuse qu'il attise : « L'âme doit saisir la beauté de l'objet de son amour ; l'image de la beauté

4. Cette expérience est relatée dans *le Livre de l'Echelle de Mahomet* (Le Livre de Poche) (N.d.E.).

intensifie l'ardeur amoureuse ; et cette ardeur, à son tour, engage l'âme à regarder vers le haut... Ainsi la représentation de la beauté engendre l'ardeur amoureuse, l'amour engendre le désir et le désir engendre le mouvement, à la fois des sphères (qui se sentent attirées par amour vers leur archange-intellect) et de l'âme humaine qui, par amour, se sent attirée vers son ange gardien (5). » Ce grand érudit suit à la trace les effets produits par l'ange sur l'âme humaine et ce qu'il dit, rejoint, quant à l'essentiel, mon approche de la psychologie des profondeurs. Il ne s'agit pas tant de donner une description objective des anges dans leur nature et leur être, que de décrire les expériences qu'ils font naître dans les profondeurs de l'être humain.

En étudiant des textes sur les anges issus du monde oriental, notamment perse, je me suis aperçu qu'ils insistent bien plus que les textes judéo-chrétiens sur les vibrations érotiques des anges et sur leurs effets sur l'homme et dans l'homme. Cela nous éclaire en même temps sur l'influence d'une culture ou d'une religion dans le domaine de la représentation de Dieu ou des anges. La beauté des anges, leurs hiérarchies harmonieuses, la délicatesse de leurs mouvements, mais aussi la force d'attraction qui émane d'eux, sont autant d'indices de leur pouvoir érotique.

Comme je l'ai déjà dit, il existe un moyen très simple pour se familiariser avec l'érotisme des anges, celui consistant à regarder de près des peintures de maîtres qui en comportent, par exemple des peintures représentant l'Annonciation. L'on pourra remarquer, dans les peintures anciennes, qu'il émane de l'ange Gabriel des vibrations érotiques. Parmi les peintres modernes qui ont peint de façon érotique des anges, il y a Chagall, par exemple dans sa peinture qui porte pour titre *le Combat de Jacob avec l'ange,* ou bien *l'Ange pourpre,* un plafond peint datant de 1941. Outre les peintures où l'on peut remar-

5. P. L. Wilson : *Engel* (Anges) (Stuttgart, 1990).

quer un franc érotisme, il y a celles qui suggèrent le toucher délicat de l'ange, par exemple l'archange Raphaël de la couverture de ce livre, qui lui aussi peut éveiller des sensations plus ou moins érotiques.

Enfin, chose qu'on oublie trop souvent, l'érotisme de l'ange fait le lien entre la spiritualité et la capacité d'émotion. Pour ce qui concerne la spiritualité, je me suis déjà beaucoup expliqué. Dans la capacité d'émotion j'inclus l'ensemble des sentiments capables d'émouvoir profondément et qui, la nuit, peuvent faire irruption dans les rêves. Quiconque se donne la peine d'observer pendant un certain temps ses rêves, constatera qu'ils mettent en jeu une grande variété de sentiments. Il arrive très fréquemment que nous considérions comme vrais des sentiments éprouvés pour des partenaires que nous rencontrons en rêve, ou bien pour l'aimé secret se manifestant en rêve. Ces images de l'âme, qui dans la psychologie de Jung ont reçu le nom d'anima (la partenaire intérieure de l'homme) et d'animus (le partenaire intérieur de la femme), sont assimilables à des anges quand elles nous relient au centre de notre personnalité, le Soi. Elles revêtent un sens transpersonnel quand elles nous font accéder au monde spirituel et agissent sur nous à la manière d'un ange.

Outre leur fonction médiatrice, les anges et les images de l'âme peuvent avoir une action d'érotisation sur la conscience et, par là, faire œuvre de guérison. Ils ont en effet le pouvoir de relier de nouveau à la conscience des énergies vitales bloquées, qui s'étaient constituées en champs énergétiques isolés (ce qu'on appelle des complexes), et de les placer sous la responsabilité du moi. Ceux qui ont réussi à se libérer de blocages névrotiques ou de peurs irrationnelles ont pu constater les effets salutaires d'une réintégration de ces forces dans la totalité de leur être (6).

6. Helmut Hark : *Religiöse Neurosen. Ursachen une Heilung* (Névroses religieuses. Causes et guérison) (Stuttgart, 1990).

Celui qui fait confiance aux anges et qui chemine avec eux gagne leur secours thérapeutique (il pourra les invoquer en imagination ou dans la prière). A ce propos, j'aimerais donner un exemple tiré de mon expérience de thérapeute. Une enseignante âgée de quarante-sept ans, qui souffrait depuis une vingtaine d'années de névrose obsessionnelle (7), me raconta un jour (son traitement durait déjà depuis longtemps) comment son ange la secourait chaque fois que des angoisses et des pensées obsessionnelles investissaient son espace mental. Elle dit exactement ceci : « Je prie l'ange de me protéger de mes obsessions grâce à ses propres énergies, et que celles-ci deviennent plus fortes que mes angoisses ! » Elle raconta ensuite que grâce aux forces qu'elle recevait de son ange, elle se sentait beaucoup mieux dans son corps et plus satisfaite dans l'intimité amoureuse avec son partenaire.

Pour conclure, j'aimerais englober le toucher délicat des anges et leur rayonnement érotique dans un ensemble plus vaste, celui comprenant à la fois la spiritualité, l'expérience de Dieu dans l'âme et l'accomplissement de la personne. La dimension psychique est à entendre à la fois en tant que lieu de résonance desdites expériences et que champ où elles sont vécues. L'amour érotique est du domaine de l'âme, l'amour spirituel (agapé) du domaine de l'esprit et le désir sexuel du domaine du corps. Ces différents plans ne sont en fait séparés que du point de vue théorique car, dans la réalité, ils s'interpénètrent.

D'après mon expérience de thérapeute, la dimension psychique reste, malgré l'abondante littérature psychologique, une dimension qu'on a tendance à négliger. Mais l'on ne peut parler de vie globale que si l'on accorde à l'âme la place qui lui revient de droit, celle d'une force imprégnant et stimulant toute espèce de vie. La force érotique de l'amour, et particulièrement

---

7. G. Benedetti : *Psychodynamik der Zwangsneurose* (Psychodynamique de la névrose obsessionnelle) (Darmstadt, 1978).

l'érotisme de nos compagnons spirituels, les anges, est pour moi, dans la «danse de la vie» de l'âme, cette énergie vitale d'amour qui nous donne des ailes et un enthousiasme sans cesse renouvelé pour la vie. Et comme nous l'apprend Platon, une spiritualité inspirée par Eros a également le pouvoir de nous rendre profondément heureux, voire de nous guérir en profondeur.

Celui qui connaît un peu la vie des saints et des mystiques d'Orient et d'Occident (8) se rappellera certains témoignages d'amour ardent, érotique. Dans le mode d'existence global, il y a réconciliation entre l'amour divin (agapé), l'amour érotique de l'âme et l'expérience physique de l'amour. Ce qui dans la nature humaine et dans la création divine va de pair, et qui s'est trouvé séparé par des distorsions névrotiques, peut être réconcilié et guéri grâce aux vibrations érotiques des anges et à leur spiritualité délicate.

8. Voir F. Holbröck : *Vereint mit den Engeln und Heiligen* (Un avec les anges et les saints) – G. Parrinder : *Sexualität in den Religionen der Welt* (La sexualité dans les religions du monde) – H. Schipperges : *Die Engel im Weltbild Hildegards von Bingen* (L'Ange dans l'image du monde selon Hildegarde de Bingen).

Le Concert des anges.
Retable d'Issenheim de Matthias Grünewald
(peint entre 1512 et 1516).
(Colmar, musée d'Unterlinden.)

L'ange vert de Grünewald

LES anges de ce tableau sont très loin du monde des hommes, en train d'interpréter la symphonie cosmique. Grünewald a peint la scène avec beaucoup d'amour. A droite du tableau, descendent des légions d'anges pour chanter la naissance de l'enfant divin. Les anges musiciens sont représentés quant à eux sous des formes variées, chacun ayant ses caractéristiques propres. Regardons particulièrement l'ange au plumage vert (à gauche du tableau). Le vert fait une apparition relativement tardive dans le canon des couleurs de l'art chrétien.

Dans sa *Divine Comédie,* Dante Alighieri décrit une scène dramatique dans le purgatoire : le combat de deux anges verts contre le serpent. Ils y descendent au crépuscule, après la prière du soir, pour purifier les âmes souffrantes. Ils sont eux aussi vêtus de vert et portent chacun une épée flamboyante pour protéger les pénitents contre le serpent. L'énergie éternelle du vert fait de ces anges un symbole d'espérance et de guérison pour les hommes aujourd'hui menacés par une catastrophe écologique. C'est cette force salutaire du vert (la viridité) que loue sainte Hildegarde de Bingen dans cet hymne :

« O noble vert,
Toi qui resplendis en claire sérénité
Dans le cercle d'une roue tournoyante,
Que n'atteint pas la magnificence terrestre,
Tu es entouré d'amour,
Etreint par la force émanant du cœur des mystères célestes
Tu rougis comme la lumière du matin
Tu t'embrases comme le soleil ardent :
O nobilissima viriditas ! »

Cette énergie du vert émanant du cœur, cet amour dont parle Hildegarde de Bingen, est perceptible chez l'ange vêtu de plumes dans le tableau de Grünewald.

Regardez-le et examinez ses doigts, spécialement ceux de la main gauche. Jouant moi-même du violon et de la guitare, je sais que leur position est inhabituelle, qu'elle doit avoir une signification symbolique. L'annulaire nous renvoie à la force émanant du cœur, à la relation amoureuse. Nombreux sont les amoureux qui aiment à se promener en se tenant par le petit doigt. Pour moi, l'amour donné de tout son cœur et la conscience de la force du vert sont des énergies essentielles dans la vie.

Puisse l'ange vert et l'énergie du vert vous inspirer. Puissiez-vous réfléchir aux vertus thérapeutiques du vert et les ressentir, notamment si vous souffrez de troubles nerveux ou de difficultés respiratoires. Imaginez du vert stimulant l'espérance et la confiance en soi. Ces qualités se renforceront en vous si vous vous promenez dans les prés en visualisant un ange.

Affirmations :

- ❐ J'inspire la beauté de l'ange et j'expire sa délicatesse !
- ❐ L'ange renforce mon espérance et ma joie de vivre.

CHAPITRE V

L'ange comme compagnon spirituel

Nous avons à notre disposition bien des mots et des notions pour désigner l'ange : messager, être spirituel, guide spirituel, maître intérieur, génie, démon, daïmon, gourou ou deva, pour n'en citer que quelques-uns. Chacun choisira le nom qui est en accord avec la tradition spirituelle, ou la religion, ou le groupe ésotérique auquel il appartient. Pour moi-même, et pour les personnes que j'accompagne en thérapie, ou que j'aide, au cours de séminaires sur les rêves, à comprendre le langage imagé de leur âme et à entendre leur voix intérieure, celle venant de la sagesse du cœur, le nom qui s'impose tout naturellement à nous est celui de *compagnon spirituel.* Ce nom met l'accent sur l'aide, sur le secours, au sens le plus large du terme. Le compagnon spirituel renvoie à une expérience vécue sur deux plans différents et en deux domaines différents. Comme nous nous laissons accompagner parfois sur le chemin de notre vie par un être cher, ainsi nous pouvons nous laisser accompagner par un ange en certaines situations particulières. L'ange peut nous soutenir dans les moments de grande solitude, ou nous venir à l'aide dans le danger, ou nous consoler de l'infidélité d'un être cher. Ce sont là quelques exemples d'intervention possibles.

Il faut ajouter qu'on ne peut appeler son ange comme on appelle les pompiers, la police ou le service médical d'urgence. Les anges ne viennent pas à nous sur commande, selon nos besoins personnels. Ils attendent le moment opportun (le *Kairos*). Ils sont à nos côtés dès qu'ils l'estiment nécessaire. Ce n'est pas à nous de décider de ce moment.

Celui qui souhaite être conduit par les anges doit s'attendre à l'être en des voies inhabituelles. Mon expérience de thérapeute m'a appris qu'il est plus facile de se laisser conduire par eux quand on a déjà l'habitude d'écouter sa voix intérieure. Quiconque croit devoir mener sa vie comme il l'entend, sur la seule base de la raison, aura du mal à s'abandonner à l'expérience des anges.

Faciliter les apparitions d'anges

Les réflexions suivantes, d'ordre pratique, nous aideront à mieux nous ouvrir aux anges et à nous laisser guider par eux. En tant que praticien de la psychologie des profondeurs, mon souci n'est pas de parler des anges en des termes généraux, mais des modalités de leur apparition. Celui qui voudra s'informer sur la nature des anges trouvera d'amples informations dans les textes religieux (notamment la Bible), les livres sur l'art et les recueils de poésie. Mon propos est plutôt de présenter le sujet en m'appuyant sur mon expérience de thérapeute, en particulier dans le domaine du décryptage des rêves.

Auparavant, j'aimerais donner la parole à quelques témoins, livrer quelques témoignages qui parleront sans doute à un certain nombre de lecteurs. Dans la dernière édition du *Catéchisme pour adultes,* il est dit ceci : « Quand la Bible et l'Eglise parlent des anges et des démons, elles parlent de l'histoire de Dieu avec les hommes du point de vue cosmique. Seule la dimension cosmique donne à cette histoire son caractère dramatique et universel. » Selon cet enseignement de l'Eglise, les anges ont donc leur place dans l'histoire de Dieu avec les hommes. Pour ce qui est de la cosmologie des anges, Alfons Rosenberg (1902-1985), lequel est connu pour ses travaux en matière de symbolisme, a quelque chose de très important à nous apprendre. Ecoutons-le :

« Il existe de nos jours une voie pour comprendre les anges, autre que celle offerte par la tradition. C'est celle des sciences de la nature, dont les représentants ont d'ailleurs trop tendance à s'imaginer que tout a été expliqué sur l'existence des anges et que ceux-ci ont ainsi été "liquidés". Certes, quand les scientifiques abordent la question des phénomènes primordiaux ils n'emploient pas le mot "ange", ils parlent d'énergie organisée ; de corpuscules et d'ondes, de système d'atomes, de protons et de neutrons. Ils déclarent que la matière est de l'énergie pourvue de formes ; ils parlent de champs de forces dans le macrocosme et le microcosme, dans lesquels l'énergie prend des formes continuellement changeantes. Les sciences de la nature explorent et mettent en formules les phénomènes du monde invisible et elles précisent leur action dans l'élaboration des formes matérielles. Mais s'ils emploient pour cela des concepts et des points de vue entièrement nouveaux, ceux-ci mettent tout autant en jeu l'existence et l'action de puissances et de forces gigantesques dont les effets, bien que perceptibles, dépassent néanmoins toute mise en formule ou en schéma. La science naturelle n'a pas non plus à sa disposition de mots appropriés pour désigner les choses dans leur essence. Les concepts ne sont en fait que des instruments de travail. Quant à la vérité, elle est unique, bien que ses facettes soient multiples. La recherche scientifique et l'expérience religieuse mettent en évidence des phénomènes similaires, mais chacune les voit sous un point de vue différent. Les connaissances scientifiques et les témoignages des visionnaires et des poètes portent sans conteste sur une même réalité… Le conflit qui oppose l'actuelle représentation scientifique du monde et l'antique représentation du monde par la gnose angélique a pour fondement l'apparente antinomie entre deux modes de connaissance.

C'est pourquoi, si l'on veut édifier un nouveau système de compréhension spirituelle de la création et de la matière, l'on pourrait s'inspirer de la physique quantique, par exemple, et adjoindre à celle-ci une philosophie, un mode de connaissance globaliste. Seul un système d'élucidation supérieure peut venir à bout de la dichotomie entre la vision scientifique du monde et la vision traditionnelle du monde (1). »

Cette citation renferme des concepts et des représentations qui sont aussi employés par la psychologie des profondeurs, tout comme l'actuelle littérature ésotérique et spirituelle, pour décrire le mystère de l'ange et la dimension spirituelle de l'âme. La psychologie des profondeurs parle d'énergies psychiques et de champs énergétiques dans l'âme. La médecine psychosomatique, quant à elle, observe comment ces énergies et ces images symboliques agissent sur les organes et sur les troubles fonctionnels du corps. Je partage avec Rosenberg l'opinion d'après laquelle les sciences de la nature et les sciences de l'esprit décrivent bien souvent les mêmes phénomènes, mais à partir de lieux d'observation différents, et que les unes et les autres finissent par être confrontées à un même mystère. Les anges, pour moi, sont un symbole qui sert à renouveler notre compréhension du cosmos et de la création.

Cela étant dit, j'aimerais maintenant développer mes propres points de vue sur les anges, lesquels se fondent sur l'expérience et vont dans le sens même de ce que dit Rosenberg. Il ne faudrait donc pas les considérer comme procédant d'une pure subjectivité.

Dans l'optique de vos propres expériences d'anges, afin que vous sachiez comment y réagir, je pense que les observations suivantes se révéleront utiles :

1. *Engel und Dämonen* (Anges et démons) (Kösel, 1986).

Les anges apparaissent souvent dans les rêves

De nombreux textes religieux, comme de nombreux témoignages de personnes actuelles, confirment que les anges *apparaissent* bel et bien aux hommes. Pour lever toute ambiguïté au sujet de ce mot, je préciserai que je l'entends au sens d'une expérience spirituelle. Chacun sait qu'il est difficile souvent de trouver le terme juste pour désigner une expérience hors du commun, pour habiller de mots appropriés ce qu'on a vu et ressenti. Les anges ne sont pas des formes que l'on rencontre habituellement dans le monde physique. Ainsi dans la Bible il est question d'un ange de la communauté (à Ephèse) et dans d'autres textes spirituels d'un ange du soleil, ou de l'eau ou des arbres. Pour saisir le sens de telles associations, les œuvres d'art et la poésie peuvent être d'un grand secours. Tout cela procède de la quête d'une dimension plus profonde, la dimension spirituelle. L'Ancien Testament parle davantage des apparitions de Dieu, alors que le Nouveau Testament fait plus mention d'apparitions de messagers de Dieu : les anges et le Christ ressuscité. Dans la version en grec du Nouveau Testament, les verbes associés aux apparitions sont généralement employés dans la forme passive, pour suggérer qu'il ne s'agit pas d'expériences provoquées, mais de saisissements.

Une telle expérience de saisissement ressort de la narration faite par une jeune femme d'un rêve qu'elle a fait :

« Je suis dans une église. Un chœur est rassemblé pour chanter un cantique de louange dont les paroles sont écrites sur un vitrail. Le vitrail se trouvant dans la tour, j'y monte. Ce vitrail est très simple : il montre une figure divine ou bien un saint qui porte un vêtement jaune d'or sous un manteau rouge foncé. Le chœur commence à chanter. Des sons merveilleux s'élèvent, qui paraissent se confondre avec l'image du vitrail. On dirait qu'ils ont les couleurs mêmes de l'habit du saint. Je chante en toute spontanéité, de plus en plus du fond de l'âme, de plus en plus pleinement. Puis, subitement, je chante toute seule. Vraisemblablement suis-je la soliste maintenant. La beauté de ma voix me fait frissonner. Elle ne résonne plus comme une voix humaine, elle semble exprimer une plénitude incroyable. Puis le chœur reprend. Les sons paraissent mettre en vibration la totalité de la matière, et peu à peu mes vêtements prennent la couleur de ceux du saint. Je suis comblée. Tout en chantant, je descends les marches raides de la tour et rejoins le chœur pour le couplet final. »

C'est un rêve assez parlant en lui-même. J'aimerais simplement commenter certains de ses aspects, l'association du visuel et de l'auditif (ce qui est entendu), pour en préciser la signification spirituelle. Les sons merveilleux du chœur se confondent avec l'image du saint personnage. Les couleurs, elles aussi, entrent en résonance avec le plan spirituel de la psyché. Tout ce qui est arrivé à cette jeune femme a engagé son « moi », la totalité de sa personnalité consciente. Elle est la soliste du concert et la présentatrice de sa propre mise en scène spirituelle. « Les sons paraissent mettre en vibration la totalité du monde ! » Les vibrations cosmiques conduisent la rêveuse à se revêtir des vêtements or et rouge du saint personnage et, ainsi, à s'approprier une part de sa sainteté. J'associe les accents merveilleux de ce chœur aux chœurs d'anges qui sont audibles dans les textes et les rêves inspirés.

Quand les anges chantent, Cosmos et Psyché vibrent

En regardant ma collection de reproductions artistiques d'anges, j'ai pu constater que les anges musiciens et chanteurs y sont nombreux. Selon la théologie traditionnelle, ces anges, pour la plupart, chantent la gloire de Dieu. Dans la perspective de la psychologie des profondeurs, le motif des anges chanteurs peut être regardé comme une expression symbolique des vibrations cosmiques positives et de leur action sur l'âme. Quand chantent les anges, la paix règne sur la terre. Par contre, quand les canons tonnent ou que les champignons atomiques assombrissent le ciel, la délicate musique des sphères ne parvient plus jusqu'à nous et la terre résonne de sinistres accords. Les vibrations émanant du monde des anges agissent sur l'humeur des hommes. C'est pourquoi, il y a une relation entre les résonances psychiques et la musique des anges. Selon moi, les anges sont les auteurs (ou les causes premières) des vibrations spirituelles.

De nos jours, la littérature spirituelle et ésotérique parle très souvent de vibrations. Ce mot est devenu une sorte de formule magique pour désigner l'action des énergies cosmiques et celle, secrète, des anges. Quand les mystiques emploient ce terme, il faut l'entendre comme signifiant la matrice énergétique de l'univers et de la psyché. Rappelons-nous le rêve de la jeune femme qui s'est trouvée prise dans un univers extraordinaire de vibrations. Si une musique ou une parole nous touche, nous émeut, c'est en vertu d'un phénomène vibratoire. Le phénomène vibratoire a également une grande importance, une fonction majeure, dans la communication entre les personnes sur le plan psychique et spirituel. Les vibrations émises par l'un ont une résonance sur l'autre, et chacun est tantôt récepteur, tantôt émetteur. Dans le domaine de la communication avec les anges, l'espace de résonance pour ces vibrations spirituelles est la psyché.

Les anges se manifestent dans les situations-limites

La vie ordinaire ne laisse souvent que très peu de place aux anges. C'est dans les situations-limites, les crises spirituelles, qu'ils se manifestent le plus souvent, en sorte de nous tirer d'embarras. Si nous lisons des témoignages d'apparitions, nous constaterons que celles-ci sont les plus fréquentes dans les situations de grand danger et à l'approche de la mort. Nous examinerons dans un chapitre ultérieur l'expérience de Gitta Mallasz qui, en compagnie de trois de ses amis, a été aidée par les anges pendant la menace nazie.

La Bible et les vies de saints font également mention d'anges qui apparaissent à l'occasion de menaces spécifiques et/ou d'expériences spirituelles hors du commun. Les maladies graves sont elles aussi des circonstances favorables aux apparitions d'anges. Quiconque doit accomplir de très gros efforts pour une guérison spirituelle peut s'adresser à l'archange Raphaël.

Tobie attrapant le poisson,
peinture de Domenichino (Londres, National Gallery).

Tobie et Raphaël

Si nous regardons la peinture de Domenichino avec le regard du psychologue, nous verrons en l'eau et le poisson des images de l'inconscient. Les fonctions du moi agissant étant représentées par le personnage de Tobie et le Soi par l'ange Raphaël.

Ces trois instances se trouvent en chacun. Dans la vie, chacun doit veiller à ce qu'elles ne travaillent pas l'une contre l'autre, mais aient des relations constructives, en sorte que sa vie puisse être un tout harmonieux. Tobie nous enseigne qu'il faut écouter notre ange et le Soi pour intégrer et utiliser les contenus de l'inconscient (figurés par le poisson) et les forces de guérison (symbolisées par l'onguent) dans la vie consciente.

Le Soi et l'ange sont des forces spirituelles qui nous guident dans notre vie et nous conduisent vers des connaissances, des trésors qui donnent du sens à notre vie et l'enrichissent.

Affirmations :

❒ L'ange éclaire mes sombres pensées !

❒ Mon ange éveille et renforce les forces de guérison de mon âme !

CHAPITRE VI

L'ange de la Bible comme messager et secours

PARMI les différents aspects de l'ange dans la Bible, que ce soit dans l'Ancien ou le Nouveau Testament, je retiendrai ceux qu'on peut relier à l'époque actuelle, ce qui constitue un enrichissement de sens (pour reprendre un terme de Jung) pour les rencontres actuelles d'anges ou les rêves d'anges.

Les anges sont mentionnés une centaine de fois dans l'Ancien Testament et plus de cent cinquante fois dans le Nouveau. On peut dire que les anges de la Bible sont à relier la plupart du temps à un enseignement donné par Dieu, soit par apparition directe, soit par sa voix, qui délivre un message. Le mot « ange » figure au chapitre XVI de la Genèse au sujet d'Agar, l'esclave d'Abraham. Celle-ci, grosse de ses œuvres, est humiliée par Sara, l'épouse du patriarche, et décide alors de s'enfuir. Le verset 7 dit : « L'Ange du Seigneur trouva Agar près d'une source d'eau dans le désert, près de la source sur le chemin de Chour. » L'ange apparaît donc à Agar au moment d'une crise spirituelle. Elle ne pouvait plus supporter le comportement de sa maîtresse et, pour cela, l'avait quittée. L'ange lui annonça qu'elle était enceinte et qu'elle donnerait le jour à un fils qu'elle devrait nommer Ismaël (Dieu entend), parce que Dieu avait entendu son affliction. L'expression « Ange du Seigneur » figure souvent dans l'Ancien Testament. Un ancien midrash de Rabbi Akiba spécifie que : « Le Metatron [l'Ange du Seigneur, Yaveh] est le Prince de la Présence, le Prince de la Loi, de la Sagesse, de la Puissance, de la Souveraineté, du Temple, le Prince des rois, des souverains, des grands et des majestés (1). » L'énumération des attributs signifie que Dieu est toujours présent en son messager, dans toutes les modalités de sa Puissance : la force, la loi, le temple, le roi et tout ce qui est supérieur, sublime. Il est important de noter que l'ange d'Agar apparaît près d'un puits ou d'une source. C'est pourquoi, Agar l'appelle : la source du vivant qui me protège. Les puits, les sources, les eaux sont jusqu'à aujourd'hui des lieux de prédilection pour les êtres spirituels et pour les apparitions d'anges.

Parmi les récits les plus connus de rencontres d'anges, citons le combat de Jacob. Bien des peintres ont représenté cette scène, dont Chagall. Le combat a lieu de nuit, avant la rencontre et la réconciliation de Jacob avec Esaü, le frère devenu son ennemi. Le texte mystérieux raconte qu'un homme lutta avec Jacob « jusqu'à l'aube ». Lorsque cet homme vit qu'il ne pouvait le vaincre, il le frappa à la cuisse. Et il est dit que la cuisse de Jacob se luxa pendant qu'il luttait avec lui. L'homme dit : « Laisse-moi aller car l'aurore se lève. » Et Jacob répondit : « Je ne te laisserai point aller, que tu ne m'aies béni (2). » Cette rencontre, ce combat (avec l'ange) à la vie et à la mort, eut lieu dans un lieu nommé Pniel qui signifie « la face de Dieu ». C'est le nom que donna Jacob à cet endroit et il l'expliqua ainsi : « Car j'ai vu Dieu face à face, et mon âme a été sauvée » (Genèse 32-31). Je reviendrai plus loin sur la signification particulière de la face, notamment de la face de l'ange (3).

1. A. C. Gaebelein : *Die Welt der Engel* (le Monde des anges) (Christl Verlag, Dillenburg, 1986).

2. J'ai donné la signification de cette figure numineuse, ou de cet « ange » selon la psychologie des profondeurs, dans mon livre : *Der Traum als Gottes vergessene Sprache* (le Rêve comme langage oublié de Dieu).

3. F. Nötscher : *Das Angesicht Gottes schauen* (Contempler la face de Dieu) (Darmstadt, 1969).

Lorsque, sur son lit de mort, Jacob bénira les enfants de Joseph, il sera encore une fois question de son ange : « Que l'ange qui m'a délivré de tout mal, bénisse ces jeunes gens (4). »

Les anges se manifestent diversement dans les rêves et les visions des prophètes. Je renvoie le lecteur à la vision du prophète Isaïe, aux épreuves du prophète Daniel dans la fosse aux lions et dans le feu d'un four, aux visions d'Ezéchiel qui échappent aux tentatives d'explication rationnelle. Isaïe vit le Seigneur sur un trône élevé et majestueux. Les pans de son vêtement remplissaient le Temple : des « séraphins se tenaient au-dessus de lui. Ils avaient chacun six ailes : deux pour se cacher le visage, deux pour se couvrir les pieds et deux pour voler » (Isaïe 6). Les séraphins (les ardents), forment la cour de Dieu. On les a représentés comme des êtres composites à corps de serpent, et pourvus de visage, de mains et d'ailes.

A leur vue, Isaïe fut saisi d'épouvante et s'écria : « Malheur à moi, je suis perdu, car je suis un homme dont les lèvres sont impures. » Alors, l'un des séraphins vola jusqu'à lui et toucha ses lèvres avec un tison brûlant. Et tous ses péchés lui furent remis.

Dans Ezéchiel (chapitre 10), nous pouvons lire une vision analogue, mais de chérubins. Ceux-ci sont des êtres ailés, gardiens du trône de Dieu et de son Temple. Cette vision du trône de Dieu est remplie de symboles dynamiques ; j'invite le lecteur à lire ce texte et à se laisser imprégner par son sens.

L'archange Gabriel (le héraut ou l'homme de Dieu) se manifeste dans le livre de Daniel (chapitres 8 et 9). Sa mission consiste à expliquer à Daniel le sens de sa vision du bélier et du bouc. Lorsque l'ange se montra à Daniel, celui-ci fut saisi d'une grande frayeur et tomba le visage contre terre. « Comme il me parlait, je restai frappé d'étourdissement, la face contre terre ; il me toucha, et me fit tenir debout » (Daniel 8, 18). Au

4. Genèse 48, 15. G. von. Rad fait remarquer que dans ce passage de la Genèse, l'ange représente Dieu lui-même, tel qu'il se manifeste sur terre.

chapitre 10, Daniel rencontre l'archange Michel qui lui apprend ce qu'il adviendra de son peuple dans les temps à venir.

Enfin, il convient de dire quelques mots sur l'archange Raphaël. Raphaël représente cette énergie spirituelle qui joue un rôle très important pour notre guérison et notre complétude. Son nom : Dieu guérit ! rappelle le dicton médical antique : *medicus curat, natura sanat !* (le médecin soigne, la nature guérit !). Il faut l'assistance de l'un et l'autre. Mais le plus important sont les forces d'autoguérison de la nature humaine et les processus d'autorégulation de l'âme. Le médecin, ou le conseiller, ou le thérapeute, ne peut qu'aider à libérer les forces de régénération en s'attaquant aux blocages névrotiques.

Le livre de Tobie raconte une telle rencontre. Rembrandt aimait beaucoup ce texte et l'a abondamment illustré. C'est l'histoire du départ du jeune Tobie de la maison familiale, des dangers mortels qu'il devra affronter à cause de son amour pour la belle Sara. Celle-ci fut mariée sept fois, et chaque fois son mari fut tué par un méchant démon pendant la nuit de noces. Le père, Tobit, laissa partir le jeune homme car «... un bon ange l'accompagnera ; son voyage réussira et il retournera bien portant» (Tobie 5, 22). En chemin, le jeune Tobie se baigna dans le fleuve (le Tigre) et là, un poisson se lança sur lui pour le dévorer. Obéissant à un ordre de l'ange, il saisit le poisson et lui enleva le cœur, le foie et le fiel, afin de les brûler pour vaincre le démon. Raphaël avait dit au jeune Tobie : «Le cœur et le foie du poisson, fais-le fumer devant un homme ou une femme attaqués par un démon ou un esprit mauvais : toute attaque en sera écartée et ceux-ci ne resteront plus jamais avec eux» (Tobie 6, 8 et 9). Tobie se rendit chez Sara, l'épousa, chassa le démon en suivant les indications de l'ange puis, lorsqu'il rentra chez lui, rendit la vue à son père, Tobit, qui était aveugle. Et l'ange dit au père et au fils : «Je suis Raphaël, l'un des sept anges qui se tiennent et entrent devant la gloire du Seigneur.» Tous deux furent bouleversés ; ils tombèrent sur la face et eurent peur. Mais il leur dit : « Ne craignez pas ; paix à vous ! » (12, 15 à 17).

Le secours et la guérison apportés par l'ange se manifestent chez Tobie par des conseils. Il doit lui-même saisir le poisson, prendre le cœur, le foie et le fiel, appliquer à son père aveugle le baume composé avec le fiel, et faire fumer les autres abats dans la maison de la belle Sara pour en chasser le démon. Cette symbolique, rapportée au contexte thérapeutique, signifie bien souvent s'en tenir aux énergies et aux symboles de l'inconscient qui se révèlent au cours d'un traitement, et les intégrer dans la vie afin que la guérison, l'action thérapeutique, ait les plus grandes chances de réussir.

L'histoire de Tobie montre l'action de l'ange en tant que gardien et guérisseur.

Tournons-nous à présent vers les apparitions d'anges dans le Nouveau Testament, sans pourtant avoir la prétention d'aborder les quelque cent cinquante cas qui y sont recensés ! Pour commencer, nous pouvons faire une observation importante : la vie du fils de Dieu sur la terre est jalonnée d'apparitions d'anges. Il y a d'abord l'Annonciation à Marie et le rêve de Joseph, qui l'engage à fuir avec Marie et l'enfant Jésus (5). Ensuite, lors de la tentation de Jésus dans le désert, celui-ci montre sa puissance, le diable renonce et des anges viennent le servir (6).

Ensuite, Jésus parle parfois de la signification et de la fonction des anges, notamment par rapport à l'ange de la mort (que nous aborderons plus en détail dans un chapitre spécial). Dans la parabole de l'homme riche et du pauvre Lazare, Jésus dit : « Le pauvre mourut et il fut porté par les anges dans le sein d'Abraham. Et le riche, quand il meurt, est enseveli (7). » Ainsi, la vie du riche se termine entièrement lors de son enterrement.

5. Matthieu 1, Luc 1 et 2.
6. Matthieu 4.
7. Luc 16, 22.

Pour Lazare, par contre, il y a une vie au-delà, dans l'autre monde, appelé symboliquement : *le sein d'Abraham.* Ce thème a inspiré de nombreux peintres, il les a incités à représenter des anges conduisant dans l'autre monde des âmes séparées de leurs corps. Quant à la question de la résurrection des morts qui fut contestée par les sadducéens, une secte du temps de Jésus, Jésus répondit à une question-piège de son contradicteur : « Ceux qui seront trouvés dignes d'avoir part au siècle à venir et à la résurrection des morts ne prendront ni femmes ni maris, car ils ne pourront plus mourir, parce qu'ils seront semblables aux anges, et qu'ils seront fils de Dieu (8). » Ces paroles sont une référence pour tous ceux qui se posent des questions sur l'après-vie et la survie de l'âme dans l'au-delà. Le récit de la Passion, de la mort et de la résurrection de Jésus, comporte de nombreuses références aux anges. Au mont des Oliviers, quand il se prépare aux souffrances à venir, « un ange lui apparut du ciel pour le fortifier (9). »

L'Evangile de Jean raconte la guérison d'un homme grâce à l'intervention d'un ange. Sous l'un des cinq portiques au bord de la piscine de Bethesda, où de nombreux malades, paralytiques, aveugles et autres infirmes attendaient que l'eau se mette à bouillonner – ce qui pouvait se produire à tout moment – un homme paralysé était là et attendait depuis trente-huit années. Tous partageaient la croyance selon laquelle le premier qui se baignerait dans cette eau serait guéri. Mais ce malade, paralysé, ne disposait d'aucune aide pour le porter dans l'eau au moment opportun. Le texte dit : « Un ange descendait de temps en temps dans la piscine, et agitait l'eau ; et celui qui y descendait le premier après que l'eau avait été agitée était guéri, quelle que fût sa maladie (10). » Au paralytique, Jésus dit : « Lève-toi, prends ton lit, et marche. » Le but de ce

8. Luc 20, 35.
9. Luc 22, 43.
10. Jean 5, 3.

récit est clair : nous inciter à relier l'eau vivifiante et l'intervention de l'ange à Jésus pour attester que le pouvoir de Jésus est inégalable, que Jésus est le guérisseur par excellence (11).

Dans les Actes des Apôtres, il est question de la transfiguration d'Etienne, le martyr, un jeune chrétien plein de grâce et de rayonnement spirituel qui, par son charisme, avait une grande influence sur le peuple. Quelques membres d'une synagogue eurent avec lui une controverse, ne reconnurent pas sa sagesse et se heurtèrent à ses idées. Pour cette raison, ils excitèrent le peuple, les Anciens et les lettrés et ils traînèrent Etienne devant le Sanhédrin afin qu'il y soit convaincu de blasphème. Face à ses juges, l'accusé parla longuement, retourna la situation et rappela aux conseillers qu'ils ne pouvaient interpréter la sainte loi et la volonté divine que s'ils en avaient reçu mandat d'un ange (12). Un peu plus haut il est dit aussi : « Et tous ceux qui siégeaient dans le Sanhédrin virent son visage comme celui d'un ange (13). » Il y a donc des traits de visage qui sont spécifiquement angéliques. Notons à ce sujet l'existence d'un verset d'Isaïe (assez obscur) où il est question d'un ange et de face (63, 9). C'est un document important, qui atteste que les anges ne se montrent pas toujours complètement (cf. mon propre rêve d'ange). Cela explique que les représentations d'anges chez les peintres soient si variées.

Enfin, je voudrais rapporter brièvement une autre rencontre d'ange, celle du chapitre 10 des Actes des Apôtres, où il est dit : à Césarée vivait un centurion romain qui était pieux et craignait Dieu. Il priait beaucoup et faisait du bien autour de lui. Il vit en rêve, au cours d'une sieste entre deux et trois heures, un ange qui lui proposa d'inviter dans sa maison l'apôtre Pierre, afin d'entendre l'Evangile de Jésus et de se faire baptiser. Au même moment, Pierre, de son côté, fit un rêve qui le convainquit de

11. Helmut Hark : *Jesus der Heiler* (Jésus le guérisseur).
12. Actes des Apôtres 7, 53.
13. *Ibid.* 6, 15.

se rendre dans la maison d'un païen (ce qui, en sa qualité de juif christianisé, lui était interdit par les usages). Remarquons, là encore, la puissance d'action du rêve et de l'intervention de l'ange. L'un et l'autre permirent de résoudre un conflit fondamental au christianisme naissant.

Le message des anges demeure toujours actuel. Je voudrais conforter cette affirmation en citant quelques paroles bibliques qui ont un sens pour les hommes d'aujourd'hui. Quand Dieu s'adresse à Moïse, le rôle des anges consiste essentiellement à avertir les hommes. Ainsi dans l'Exode (XXIV, 20) Dieu dit : « Voici, j'envoie un ange devant toi, pour te protéger en chemin, et pour te faire arriver au lieu que je t'ai préparé. Tiens-toi sur tes gardes en sa présence, et écoute sa voix ; ne lui résiste point, parce qu'il ne pardonnerait pas vos péchés, car mon nom est en lui. » J'entends cela comme un message, un enseignement qui m'est adressé et qui me dit que je dois être attentif à mon propre ange et écouter sa voix. Si cette voix ne m'est pas audible, je veille néanmoins à demeurer dans la proximité de mon ange, en sorte d'établir avec lui un lien intuitif qui pourra remplacer l'information verbale. Quand je chemine avec les anges, tout va bien pour moi et je trouve la voie juste.

La parole d'ange ci-après est prononcée dans un contexte particulièrement saisissant, les derniers moments du patriarche Jacob lorsqu'il reçoit la visite de son fils Joseph accompagné de ses deux fils, Ephraïm et Manassé. Il les bénit et dit : « Que l'ange qui m'a délivré de tout mal bénisse ces enfants ! Qu'ils soient appelés de mon nom (15). »

---

14. Actes des Apôtres 10.
15. Genèse 48, 16. Le mot hébreu traduit par « m'a délivré » est *goël.* Il est employé cent dix huit fois dans l'Ancien Testament, selon le *Dictionnaire théologique de l'Ancien Testament* de Jenni et Westermann, dans le sens général de libération du peuple de la servitude en Egypte. Il a aussi, dans d'autres passages, le sens de rédemption et de délivrance qui annonce Jésus le Rédempteur.

J'assume le legs du patriarche et, comme lui, sur mon lit de mort, je dirai adieu à mes proches et les bénirai. Pour ce moment-là, mon souhait n'est pas de trouver des paroles de consolation qui ne servent à rien, mais de pouvoir raconter l'apparition de mon frère-ange. Quand l'ange de la mort viendra me chercher, j'aimerais partir avec lui en entendant les notes du dernier choral de la *Passion selon saint Jean* de Bach :

Seigneur, que ton cher petit ange
Au tout dernier instant de ma vie porte mon âme
jusque dans le sein d'Abraham.

Le second aspect important à relever dans la bénédiction d'adieu de Jacob est le pouvoir de délivrance de l'ange. Avec ce témoignage, nous faisons connaissance avec l'ange-rédempteur. La délivrance ou rédemption est un thème central dans la Bible (16). Mais pour moi, la délivrance se réfère tout autant à l'analyse thérapeutique, ou à toute intervention d'ange qui libère l'homme de l'esclavage des névroses grâce à ses énergies et vibrations thérapeutiques.

La légende de Tobie nous apprend que l'ange-rédempteur est en relation étroite avec Raphaël, l'ange-guérisseur. Celui-ci, en effet, se présente par ces mots : « Je suis Raphaël, l'un des sept anges qui se tiennent et entrent devant la gloire du Seigneur. Dieu m'a envoyé pour te guérir, ainsi que Sara, ta bru. » Ce témoignage réunit la spiritualité et la guérison, car l'ange qui présente la prière est celui-là même qui guérit.

Dans le cadre thérapeutique, j'apprends à mes patients à tenir compte de cette connection pour leur permettre de revenir à la théologie via la thérapie, ou de dégager à nouveau les sources de la spiritualité en eux pour l'action des énergies salutaires.

16. Voir : « Glaubensheilung und Imagination sowie die heilende Wirkung des Christus-Bildes (Guérison par la foi et l'imagination et les effets bienfaisants de l'image du Christ) » dans Helmut Hark : *Jesus der Heiler* (Jésus le guérisseur).

Le Christ lui-même fut aidé par les anges. Rappelons-nous sa prière au mont des Oliviers, avant la crucifixion, lorsqu'il exprimait sa crainte de ne pouvoir endurer la souffrance : « Un ange lui apparut du ciel, pour le fortifier (17). » Cet ange-force pourrait avoir été Gabriel, dont le nom signifie force ou héraut de Dieu. En outre, après sa résurrection et son ascension dans le monde de Dieu, nous entendons parler de diverses apparitions angéliques, autrement dit de signes adressés aux hommes qui sont restés sur la terre.

Personnellement, je retiens de ces exposés que les anges ne nous abandonnent pas, dans la souffrance et à la mort, si nous avons cheminé avec eux en d'autres circonstances. Tout homme, par contre, qui ne s'est jamais soucié des anges, qui n'a jamais marché dans leurs traces, sera peut-être seul dans l'affliction et la souffrance. Je conseillerai au lecteur de s'adresser aux anges Raphaël et Gabriel, de rechercher leur compagnie surtout dans les périodes d'épuisement physique ou d'abattement moral.

Les Actes des Apôtres selon Luc rapportent quelques expériences signifiantes avec les anges. A titre d'exemple, prenons la libération de l'apôtre Pierre après qu'il a été jeté en prison. Un ange en ouvre les portes et le conduit au dehors (18). De même qu'autrefois un ange a conduit le peuple hors d'Egypte où il était esclave, de même cet ange ouvre les portes verrouillées. Si nous considérons cette histoire comme symbolique, nous pouvons regarder nos soucis et nos angoisses comme une prison dont un ange peut nous délivrer.

Pour conclure, voici une citation extraite de l'Epître aux Hébreux où il est dit que les anges sont « au service de Dieu, envoyés pour exercer en faveur de ceux qui doivent hériter du salut » (19). Ce passage décrit une fois de plus les anges (« les

17. Luc 22, 43.
18. Actes des Apôtres 5,19.
19. Epître aux Hébreux 1,14.

esprits au service de Dieu ») dans leur signification et leur fonction d'aide (20). Les personnes dont la profession consiste à aider les autres et qui se plaignent d'un manque de forces, d'être « comme consumées (21) » auraient tout spécialement avantage à se faire accompagner d'anges dans leur travail. C'est une excellente hygiène psychique et un excellent moyen de préserver ses forces. Mais rappelons-nous toujours qu'il faut être prêt à nous abandonner à eux et à cheminer avec eux.

A tous ceux qui cherchent sérieusement à accéder aux forces angéliques, je voudrais dire que cet accès existe dans leur propre âme. En chacun de nous, en effet, un ange sommeille ; comme aux temps bibliques, il peut nous apparaître, nous donner des forces ou nous consoler, ou bien ouvrir pour nous des portes pourtant cadenassées.

Une voie particulièrement apte pour nous faire rencontrer notre ange sont les rêves, dont nous avons déjà parlé.

---

20. Les mots grecs pourraient également se traduire ainsi : esprits liturgiques, diacres.

21. Le terme technique est *burn out syndrom.*

Page d'un psautier de l'école flamande, moitié du XIIe siècle
(Staatl. Museen Preussischer Kulturbesitz, Berlin).

Le jour s'accomplit ce qui a été entrepris la nuit.

Les anges de l'échelle céleste

Le patriarche Jacob a vu en rêve (Genèse 28) une échelle dressée contre le ciel, sur laquelle des anges montaient et descendaient. Ce rêve qui a grandement inspiré écrivains et peintres, est construit sur un thème archétypal qui ne cesse d'inspirer des variations nouvelles. Le prophète Mahomet a vécu une expérience analogue. Une nuit, il a vu son âme monter sur une échelle jusqu'au ciel. Dans la sourate 53 du Coran, il est dit que c'est le lotus qui permet de relier les deux mondes, ce que fait aussi l'Arbre de vie : il est un pont entre l'ici-bas et l'au-delà que l'âme du chaman franchit pour accéder au monde des esprits, où il demandera conseil et guérison. Un autre symbole qui relie les mondes est l'arc-en-ciel. Il apparaît souvent dans les rêves et représente la proximité du monde spirituel.

Regardons maintenant le tableau ci-contre (l'original est en couleurs) : on y voit Jacob allongé au bas de l'échelle, vêtu de vert, de la couleur qui orne le cercle supérieur, en haut de l'échelle, à l'intérieur duquel est représenté Dieu. Le premier et le troisième anges ainsi que les deux anges figurant dans le cercle divin en haut, portent une auréole verte, symbole de l'esprit qui guérit. Le peintre qui a réalisé ce tableau est un contemporain de sainte Hildegarde de Bingen (1098-1179) et l'on peut admettre qu'il connaissait les vertus du vert. La force du vert comme énergie spirituelle salutaire est d'ailleurs représentée dans d'innombrables formes symboliques. Citons, entre autres exemples, Chidr dans le monde islamique, l'« homme vert » accomplissant des prodiges, ou Merlin ou le « chevalier vert » du mythe du Graal.

Examinons maintenant le côté droit du tableau. Nous y voyons trois « canaux » d'énergie descendre du ciel. Ceux-ci indiquent que Dieu accompagnera Jacob dans ses voies, que lui, Jacob, possédera un jour cette terre ; que ses enfants et les enfants de ses enfants seront aussi nombreux que le sable de la mer. Impressionné par ce rêve et le reconnaissant comme message divin, Jacob érigea une pierre commémorative, près d'un sanctuaire en ruines. Puis il versa de l'huile dessus pour la consacrer.

Astrologiquement parlant, ce geste symbolise le Verseau, celui qui verse les eaux de l'Esprit sur notre temps et ainsi communique aux hommes une spiritualité nouvelle.

Lors de certains séminaires, quand je propose une reproduction de l'échelle de Jacob pour l'imagination et la méditation, les plus touchés sont les participants souffrant d'instabilité d'humeur ou de sentiment. Une dame dépressive me raconta un jour que cette image lui était d'une grande aide. Elle voyait en imagination des anges monter au ciel en emportant ses angoisses et ses soucis, puis en redescendre avec une nouvelle force et une nouvelle espérance. Peut-être cet exemple vous inspirera-t-il l'envie de cultiver des relations similaires avec les anges, mais rapportées à vos propres préoccupations.

Affirmations :

❒ Mon ange emporte mes soucis au ciel et me donne un courage nouveau.

❒ J'oriente mes pensées vers les anges avec l'espoir d'en rencontrer un.

CHAPITRE VII

La proximité du monde spirituel

Nous allons maintenant nous pencher sur quelques apparitions d'anges survenues au XIXe et au XXe siècles. J'aimerais, à travers elles, mieux vous communiquer ma compréhension des anges, l'approfondir et, espérons-le, éveiller davantage votre propre intérêt pour les anges.

Emmanuel Swedenborg (1688-1772)

En dehors des témoignages bibliques, Emmanuel Swedenborg est devenu pour moi une référence très importante. En étudiant sa vie, j'ai été impressionné par le fait que c'est – comme moi – à l'âge de 56 ans que les anges et les esprits sont devenus ses maîtres. Cela renforce ma conviction que c'est dans la troisième (et dernière) partie de la vie que les hommes ont les expériences spirituelles les plus importantes.

Emmanuel Swedenborg est un témoin captivant qui apporte, sur le thème de l'ange, un éclairage nous permettant d'aller plus loin. Il ressort de sa biographie (1) qu'il était reconnu comme un savant universel, maîtrisant le savoir de son temps dans

1. E. Benz : *Swedenborg*, 2 vol. (Zürich, 1969).

toutes les sciences naturelles. Ses quelque cent cinquante publications scientifiques traitent de mathématiques, de minéralogie, d'astronomie et de chimie. Il a élaboré des plans pour de nombreuses découvertes, par exemple d'appareils pour l'exploitation des mines et pour la navigation, de grues et de fourneaux de fonderie.

Il a conçu une machine volante, dotée d'ailes fixes et propulsée par une hélice. En 1897, un avion est construit selon ses plans (actuellement conservé au musée technique à Washington). Il a été en correspondance avec les plus grands penseurs de son temps. Son œuvre exercera une forte influence sur Goethe et Kant, sur Lavater et Strindberg, sur Jung aussi. Cet homme tellement investi dans la connaissance de la nature et comme porté par une curiosité scientifique jamais assouvie, commence lui aussi à s'intéresser aux anges pendant une crise spirituelle. La psychologie des profondeurs connaît bien ce phénomène et voit en lui un processus de compensation dans l'âme. Plus le conscient est sollicité et mis à contribution pour explorer, par exemple, les sciences naturelles, plus se densifient dans l'âme et dans l'inconscient les questions et les énergies spirituelles jusqu'à ce que, lors d'une crise ou d'une situation limite, elles surgissent dans la conscience. C'est ce qui est arrivé à Swedenborg et qui, de même, se produit souvent au cours d'une thérapie. Cette nécessité de compensation explique aussi pourquoi, dans notre société matérialiste et pragmatique, de plus en plus de personnes vivent des expériences d'anges qui leur ouvrent les yeux sur le monde spirituel.

J'estime que Swedenborg peut nous préparer à prendre un tournant spirituel. Il est regrettable qu'il soit ignoré dans la plupart des livres, pourtant si nombreux, qui traitent de spiritualité nouvelle. L'éclairage de Swedenborg arrive à point, aujourd'hui où les sciences de la nature et les sciences de l'esprit se rejoignent de plus en plus, sans pour autant cesser, bien souvent, de se combattre. Swedenborg a été étudié par

Goethe qui reprend à son compte quelques-unes de ses vues. Dans le *Faust,* le sage que Goethe fait parler n'est pas Nostradamus, mais Swedenborg (2) :

Je comprends à présent la parole du sage :
« Le monde des esprits n'est pas fermé ;
Tes sens sont fermés, ton cœur est mort !
Lève-toi, élève, et va baigner sans relâche
Ta terrestre poitrine dans l'aurore ! »
Tout ce qui est, tisse le grand Tout
Et chacun vibre et vit dans l'autre !
Comme les forces célestes montent et descendent
et se transmettent des seaux d'or,
Votre aile, avec de tendres gestes,
S'élance depuis le ciel à travers la terre
Pour y faire retentir de proche en proche,
L'harmonie.

Voyons à présent de plus près la représentation de l'ange selon Swedenborg. Ce sont des anges, des esprits et parfois aussi des morts qui lui inspirent ses idées sur le monde spirituel. Dans son œuvre, très vaste, il parle souvent de sa difficulté à traduire ses expériences du monde des esprits et ses rencontres d'anges dans une langue compréhensible pour des hommes qui ne connaissent que les choses terrestres. Il arrive qu'un ange l'exhorte néanmoins à transmettre ses visions du monde des esprits de manière intelligible, comme dans ce texte :

« Veux-tu m'approcher de plus près ? Dans ce cas, prends garde à ne pas laisser pénétrer plus profondément en toi l'éclat flamboyant qui a son origine dans notre ciel. Le sens de tes idées élevées, célestes en elles-mêmes, te sera révélé par influence, car rapportées à la terre seulement où tu vis, elles sont inintelligibles. Aussi, ce que tu entendras (et verras), tu

2. G. Gollwitzer : *Die durchsichtige Welt* (l'Univers transparent) (Pfullingen, 1953).

l'accueilleras selon les possibilités de la raison, puis tu le soumettras à la force de compréhension de l'intelligence supérieure.

« Penser à la manière des esprits, c'est penser hors du temps et de l'espace, tandis que penser conformément à la nature, c'est penser dans le temps et l'espace. Le monde spirituel ne connaît ni l'un ni l'autre. Les êtres spirituels, divins, ont leur pensée accordée à l'éternité et à une présence infinie, qui ne connaît pas les limites de l'espace. C'est pourquoi, ce qu'ils disent dépasse l'homme, car il ne peut concevoir que ce qui est conforme à sa nature. Les termes humains pour dire les choses non soumises au temps et à l'espace ne sont pas appropriés, parce que limités du fait même de la nature limitée de l'homme. Dans les cieux, la représentation et la manifestation des choses se font par le jeu réciproque de la lumière et du feu célestes, et cela de manière si pleinement suffisante que parmi les mille et mille choses en gestation très peu d'entre elles peuvent descendre jusqu'à l'homme. Ce qui advient dans le ciel peut néanmoins se constituer en formes similaires (correspondantes), qui ensuite se manifesteront dans le monde terrestre (3). »

La pensée de Swedenborg se fonde sur les analogies, les correspondances entre le monde des esprits et le monde terrestre (4). Les textes cités nous font découvrir une représentation du monde tripartite : le ciel, les esprits et la terre. Les anges procèdent évidemment du monde des esprits, ce qui en fait des médiateurs entre Dieu et les hommes, des messagers de Dieu.

Ceux qui s'interrogent sur la réincarnation trouveront intéressant le texte suivant de Swedenborg :

« Nul ange ou esprit n'a le droit de parler de sa propre mémoire avec l'homme, mais seulement de la mémoire de

3. Gollwitzer, *op. cit.*

4. E. Benz consacre à l'enseignement des correspondances chez Swedenborg un chapitre de son livre déjà cité.

l'homme. Car les anges et les esprits possèdent une mémoire, tout comme les hommes. Si un esprit parle de sa mémoire avec l'homme (ce qui arrive parfois), celui-ci croira que les choses qu'il pense sont siennes, alors qu'elles appartiennent à cet esprit. Il s'agit en fait d'une réminiscence de quelque chose dont il n'a pourtant jamais encore entendu parler et qu'il n'a encore jamais vu. C'est pourquoi, après des milliers d'années, certains ont l'impression d'avoir été projetés dans une vie et des affaires antérieures, qu'ils sont effectivement de retour sur terre. Leur impression s'explique du fait que parfois il leur vient le souvenir de choses qu'ils n'ont pas encore vues et dont ils n'ont encore jamais entendu parler. En réalité, ces images mentales ont été influencées par la mémoire propre à certains esprits (5). »

De telles réminiscences sont donc à attribuer à l'activité d'un esprit ou d'un ange, à laquelle Swedenborg a souvent été soumis dans ses rêves ou ses visions. Ses récits de visions sont en outre souvent accompagnés d'auditions. Ainsi, un ange lui explique un jour le sens et le dessein de l'une de ses visions. Pour Swedenborg, il est fondamental de distinguer entre les bons esprits, dont l'action est bonne, et les mauvais esprits ou démons, dont l'action est destructrice. Tout ce qui conduit l'homme à Dieu, le guérit et va dans le sens de sa complétude provient des forces positives du monde spirituel. Selon Swedenborg, tout être humain, tout ange, possède un lieu au tréfonds de soi où le divin peut se répandre :

« L'homme a ce que les animaux n'ont pas, un lieu intérieur où le Divin agit, qu'il élève jusqu'à lui et relie à lui-même.

« En tout ange, comme en tout homme, il existe un degré très intime, tout à fait supérieur, dans lequel se répand la divinité du Seigneur, d'abord et avant tout, pour y redresser ce qui doit l'être et l'intégrer selon les gradations de son ordre. Ce degré est le point de passage du Seigneur vers le monde angélique et

5. G. Gollwitzer, *op. cit.*

humain, la demeure même du Seigneur. Par lui l'homme acquiert sa spécificité et se distingue de l'animal. De lui il tient aussi son immortalité (6). »

Rudolf Steiner (1861-1925)

Rudolf Steiner a fondé un système pédagogique qui est toujours enseigné et qui exerce une influence croissante dans les milieux ésotériques. Il ne sera question ici que de ses exposés sur le monde des anges. Selon lui, l'ange se manifeste dans ce qu'il appelle le « corps astral ». Dans son exposé intitulé : *Que fait l'ange dans notre corps astral ?* il précise :

« Les anges forment dans le corps astral de l'homme des images, lesquelles peuvent être captées par une pensée développée en clairvoyance. Et ces images nous pouvons les observer. Elles nous apprennent alors qu'elles se forment selon des principes, des impulsions bien précises. Elles se forment de telle manière qu'elles portent en elles des forces qui serviront au développement futur de l'humanité. Lorsque nous considérons les anges dans cette sorte de travail – cela sonne étrangement, mais c'est le terme juste – nous comprenons qu'ils le font en ayant précisément en vue l'organisation de la future vie sociale sur la terre ; pour engendrer dans le corps astral de l'être humain les images qui produiront des circonstances de vie sociale déterminées pour l'humanité de demain. »

Un peu plus loin, Steiner poursuit en disant : « Mais ces angeloï œuvrent également sur la base d'une deuxième impulsion : avec des intentions qui ne tiennent pas seulement compte de la vie sociale extérieure, mais aussi de l'âme humaine, de sa vie. Dans cette perspective, ils impriment dans le corps astral des images grâce auxquelles chacun pourra reconnaître en chacun le Divin qui demeure en lui (7). »

---

6. Gollwitzer, *op. cit.*
7. R. Steiner : *Vom Wirken der Engel* (De l'action des anges).

Selon Steiner, les anges accompliraient donc une sorte de « travail d'images » ayant pour but le développement de la vie sociale et psychique. Dans un autre contexte, il dit que les anges « tissent » des images. Lorsque je réfléchis sur ce mot, je l'associe spontanément au processus de symbolisation dans les rêves. Au cours de ce processus, le Soi et l'Esprit génèrent des symboles qui relient les différents niveaux de l'existence individuelle entre eux, puis à un contexte social et au cosmos tout entier. Ensuite, Steiner évoque le but ultime, imprimer « dans le corps astral des images grâce auxquelles chacun pourra reconnaître en chacun le Divin qui demeure en lui ». Grâce à leur travail d'images, les anges procurent à l'homme une dimension spirituelle, l'ouvrent à une dimension spirituelle que Steiner dénomme le corps astral. Le corps astral est une énergie rayonnante, lumineuse, une force de l'âme qui donne au corps la « conscience ». Associé au moi, le corps astral constitue l'essentiel de l'homme intérieur. L'homme extérieur, quant à lui, est constitué de corps physique et de corps éthérique. Ce qu'on nomme le moi conscient serait l'instance par laquelle notre esprit et notre âme ont la vie et le mouvement, selon l'expression même de Steiner.

Les quatre modalités d'être, Steiner les situe dans le contexte cosmique suivant : « Le moi est ce qui nous relie à notre environnement. Notre corps astral procède en partie du développement de la lune qui a précédé celui de la terre, notre corps éthérique du développement encore antérieur du soleil et notre corps physique, dans sa première forme, procède de Saturne. » Je ne peux malheureusement pas parler plus en détail ici de cette cosmogonie.

Pour Steiner, la nature de l'ange est identique à ce que les Anciens appelaient le génie humain, lequel se manifeste dans différents systèmes philosophiques et chez de nombreux poètes. « Ce génie est assimilable au moi spirituel en devenir, surtout porté par un être de la hiérarchie des angeloï. »

Pour terminer, j'aimerais que nous voyions comment l'on peut entrer en relation avec un être angélique. Pour Steiner, ce contact se produit dans le sommeil :

« A notre réveil, nous sommes projetés dans le monde où vivent animaux, plantes et minéraux, c'est-à-dire dans lequel coexistent les trois règnes de la nature et qui procède du monde sensoriel. Quand, pendant le sommeil, nous franchissons la frontière du monde sensoriel, nous faisons irruption dans cette région des angeloï, le premier degré d'être au-dessus de la condition humaine, celui de l'ange. Depuis son endormissement jusqu'à son réveil, chacun se tient en compagnie de l'être angélique qui lui a été octroyé. La relation que chacun de nous a avec lui est du même ordre que celle qu'il a, par la vue et l'ouïe, avec les trois règnes naturels de ce monde-ci. »

Steiner nomme également certaines dispositions intérieures qui favorisent la rencontre pour chacun de son être angélique. Parmi ces dispositions, citons le véritable amour humain, une vie pourvue d'un idéal moral, ainsi qu'un abandon confiant au monde spirituel, car « celui qui ne connaît pas le paisible abandon au monde spirituel, divin, dans l'état de veille, n'a plus à sa disposition les forces nécessaires pour entrer en contact, de façon appropriée, avec son être angélique la nuit. Celui-ci attend en quelque sorte notre endormissement pour voir quelles pensées, quels sentiments, quelles aspirations nobles nous apportons avec nous. Plus nous en apporterons, plus profonde sera notre relation avec lui pendant notre sommeil. »

Enfin, Steiner nous présente ses réflexions sur la fonction des êtres angéliques dans l'après-mort ; nous en parlerons au chapitre sur « l'ange de la mort ». Pour le moment, nous prendrons congé de Steiner sur une citation suffisamment claire pour ne pas avoir à être commentée :

« Le monde des hautes hiérarchies ne prendra son importance pour nous qu'une fois qu'il sera devenu notre environnement entre la mort et une nouvelle naissance. Plus nous nous serons en quelque sorte confiés en notre être angélique, plus il pourra, après notre mort, quand nous serons devenus des êtres subtils d'âme et d'esprit, nous donner de vie consciente, de contenus d'âme conscients provenant de ce monde des hautes hiérarchies. J'ajouterai que : à la fonction de nos yeux physiques, ou de notre oreille physique, correspond pour notre conscience entre la mort et une nouvelle naissance dans le monde spirituel, la fonction de l'être angélique, notre propre être angélique à vrai dire : veiller à l'évolution des êtres du royaume de la troisième hiérarchie avec l'aide des hiérarchies supérieures. Et notre conscience augmentera en luminosité et en rayonnement intérieur selon la mesure même des pensées idéales, des sentiments idéaux, l'amour humain et la piété religieuse, que nous éprouverons pour notre être angélique (8). »

Gitta Mallasz

Dans les années 1943 et 1944, Hanna, une amie de Gitta Mallasz recevait des messages d'anges. A cette époque-là, Gitta vivait avec trois amis : Lili et un jeune couple, Hanna et Joseph. Tous les quatre traversaient une sorte de crise existentielle dont ils voulaient venir à bout en partageant un mode de vie et une œuvre artistique. Les amis de Gitta viennent de familles juives, mais ne pratiquent pas leur religion. Elle-même est autrichienne et chrétienne. Ses trois amis seront déportés plus tard dans un camp de concentration où ils mourront. Gitta émigre en France en 1960 et, pendant quinze ans, présentera ses expériences vécues avec les anges, ce qui lui vaudra une attention soutenue de la part d'un assez grand public. Le 25 juin 1943, Hanna entend un ange lui parler pour la première fois, et cette voix vient de ses propres profondeurs. Le même phénomène se reproduit pendant dix-sept mois, chaque vendredi à 15 heures. Gitta transcrit les paroles de l'ange qui viennent

8. R. Steiner, *op. cit.*

de la bouche d'Hanna, Hanna n'étant ni en extase ni dans un état de transe. Voici ce que dit Gitta sur le déroulement de ces rencontres :

« L'ange se maintenait dans sa descente jusqu'à ses propres limites. Hanna, au contraire, pendant que l'ange parlait, s'élevait jusqu'à la limite de ses facultés humaines. Les deux limites se touchaient et pourtant ne se confondaient pas, l'ange restait ange et l'humain restait humain. Ce n'était pas leur ressemblance, mais plutôt leur différence complémentaire qui rendait possible leur union. N'était-ce pas là le premier pas vers l'unité que l'homme nouveau voudra vivre un jour continuellement (9) ? »

Voici maintenant ce que nous dit Gitta de la façon de s'exprimer de l'ange (10) : « Pendant la première partie des dialogues il arrivait souvent que l'important était dit en vers très courts, faciles à saisir. C'était comme des comptines qui coulent dans l'oreille et pourtant imprègnent en profondeur. Il me semblait que nous étions dans le jardin d'enfant des anges et que ces "mantras d'enfants" nous touchaient immédiatement. Les tonalités et les rythmes ne prenaient pas le détour de l'intellect (10). »

Parmi tous les messages transmis, j'ai choisi celui du 24 novembre 1944 (11) :

C'est LUI le nombre, la loi, le sel.
C'est LUI l'Amour qui croît, qui se déverse.
C'est LUI le rythme, la vibration qui met en mouvement.

C'est LUI le chant, le libre chant.
C'est LUI la Lumière, agissante.
C'est LUI le Très-Haut.

---

9. G. Mallasz : *Les Dialogues tels que je les ai vécus* (Aubier).
10. G. Mallasz : *Dialogue avec l'ange* (Aubier).
11. G. Mallasz, *ibid.*

Là où les deux contraintes s'unissent,
là naît la Parole, le Verbe,
le point où tout s'allume,
le foyer, la Co-naissance.
Ainsi l'innombrable devient UN.

Selon la psychologie des profondeurs, cette irruption de la dimension spirituelle dans l'âme des jeunes gens est évidemment à associer à la crise spirituelle qu'ils traversent, mais avant tout à la menace pour leur vie que constituent les camps de la mort. Gitta Mallasz ne cherche pas d'explications psychologiques ou théologiques, en livrant ces témoignages elle renvoie le lecteur à une dimension spirituelle en l'être humain que beaucoup ont oubliée. Laissons-lui encore une fois la parole, en sorte qu'elle nous éclaire avec ses propres mots sur la signification du message reçu par Hanna :

« Il avait été transmis par Hanna, formulé par elle d'une manière qui me parut exempte de toute croyance préalable. Elle était comme une feuille blanche, capable de restituer librement la Parole des anges. Je crois que c'étaient justement son impartialité, son ouverture et sa grande intuition qui la mirent en relation avec la racine de tout le religieux – qu'il soit juif, chrétien ou simplement humain (12). »

Le poème suivant exprime bien ce que les anges peuvent vouloir nous transmettre :

Ce que l'ange dit :
Ecoute bien :
Un miroir merveilleux est en toi.
Ce miroir révèle tout.
Il repose en toi et LE réfléchit.
Mais seulement,
dans le silence.

12. G. Mallasz : *Les Anges tels que je les ai vécus* (Aubier).

IL se contemple en nous-mêmes.
Aussi soyez de purs miroirs !
Les miroirs ternes ou brisés
Seront jetés,
Puisque impropres à l'usage.

Pour terminer ce chapitre, je voudrais résumer l'apport pour l'homme d'aujourd'hui de Swedenborg et de Steiner dans le domaine des anges. Swedenborg a été exhorté par son ange à transmettre son expérience aux hommes avec des mots que ceux-ci peuvent comprendre. C'est pourquoi, il a conçu son enseignement des correspondances ou analogies, qu'Ernst Benz, l'un des meilleurs spécialistes de Swedenborg pour l'Allemagne, présente ainsi :

« Plus Swedenborg approfondit son idée que les choses naturelles ne sont que l'ombre d'une réalité spirituelle, et que cette réalité spirituelle n'est à son tour que le reflet d'une image originelle de nature divine, plus la connaissance des correspondances devient pour lui le mode fondamental de connaissance. Ainsi, sous ses yeux, le monde naturel se métamorphose merveilleusement. Rien en ce monde n'est seulement la forme ou le nom qu'on lui prête, mais tout, d'une manière mystérieuse, renvoie aux régions supérieures de l'être. Chaque grain de poussière témoigne des mystères célestes (13). »

Ce texte court nous apprend qu'il existe un lien analogique entre l'image divine originelle, ses reflets spirituels et les choses terrestres. D'où la pensée dite analogique ou symbolique. Celle-ci nourrit particulièrement la théologie, la philosophie et les autres sciences de l'esprit. Aujourd'hui, elle est aussi très prisée dans les cercles s'intéressant à la connaissance de soi et à une spiritualité nouvelle.

Le symbole associe l'esprit, l'âme et le corps. Quant au processus de symbolisation, il s'exprime dans nos rêves, mais

13. E. Benz, *op. cit.*

aussi dans nos imaginations et nos visualisations, lesquels reflètent à la fois des mécanismes corporels, des besoins de l'âme et des valeurs et représentations spirituelles.

Tout comme Swedenborg voyait dans ses rêves et ses visions des correspondances du monde spirituel, et qu'il les définissait ainsi, nous pouvons nous exercer à comprendre le symbolisme de nos rêves, distinguer dans la séquence des images une sorte de fil d'Ariane qui nous relie au monde spirituel.

Les anges, pourrions-nous soutenir, peuvent donc être vus entre autres comme des symboles capables de nous relier au monde spirituel. Ce lien nous a été montré par Swedenborg dans son enseignement des correspondances. L'apparition d'un ange, comme la foi, est un don de Dieu. De nos jours, Dieu paraît très lointain à beaucoup, une image archaïque inexpressive. Les anges, par contre, qui sont des médiateurs entre le monde de Dieu et le monde terrestre, nous émeuvent ; nous nous sentons donc plus près d'eux.

Rudolf Steiner, quant à lui, nous apprend que l'apparition d'un ange, la nuit par exemple, dépend avant tout de notre disposition d'esprit, de notre confiance dans le monde angélique pendant la journée. Ce qui se passe à l'état de veille détermine nos rêves la nuit, et cela vaut également pour les anges. Ce qui me paraît encore plus actuel chez Steiner, c'est son idée que les anges forment des « images » dont les énergies participent au développement futur de l'humanité (14).

Jour après jour, je peux vérifier cette vérité dans les théra pies individuelles. Lorsque j'aide les forces de guérison repérées dans les rêves de quelqu'un à s'intégrer à sa vie consciente, des possibilités nouvelles de développement se font jour en lui, ainsi que des forces de croissance insoupçonnées.

---

14. Le terme de « psychohistoire » rend bien compte des effets collectifs de ce « travail d'images » de l'ange. C'est un terme qui est né aux U.S.A de recherches historiques appliquées à la psychologie des profondeurs. Il traduit l'idée comparative entre l'histoire collective et l'histoire individuelle.

Cela est une illustration merveilleuse du pouvoir des anges à déterminer et façonner les forces de guérison inhérentes à l'être humain. Pour activer ces sources vivifiantes de l'âme, l'archange Raphaël m'est d'un précieux secours. Si vous voulez essayer à votre tour, vous pouvez recourir aux affirmations et aux prières spécialement conçues à cet effet, et qui figurent au dernier chapitre de ce livre.

Le Cheminement des âmes défuntes, peinture de Jérôme Bosch.

Un ange apporte les chaînes pour capturer Satan
avant le commencement d'un empire de mille ans.
(Lithographie illustrant *l'Apocalypse,* de Odilon Redon, vers 1890.)

Les anges nous aident à rompre nos chaînes

POUR moi et pour de nombreux consultants et patients, l'ange de Redon est devenu l'emblème de la rupture des chaînes qui nous maintiennent prisonniers des préjugés et des névroses. Dans les périodes de crise, l'ange peut nous exhausser à la manière d'un levier d'Archimède. Quiconque a vécu des problèmes graves sait à quel point est précieuse l'assistance humaine ou bien celle d'une force supérieure, d'un ange par exemple.

Grâce au traitement thérapeutique, des hommes reprennent confiance en eux, réussissent à aimer de nouveau et retrouvent leurs facultés créatrices. Dans la société humaine, la libre disposition de soi est une valeur essentielle. Pourtant, nombreuses sont les personnes qui n'ont pas encore découvert de sens à leur vie. La thérapie spirituelle peut les aider à se souvenir de leur origine divine et à se relier au Soi. La littérature sur les thérapies spirituelles ne fait presque jamais état de l'ange dans la perspective qui est la nôtre. Il me semble pourtant capital de reconnaître que l'ange, notre compagnon spirituel, joue un rôle important dans ce type de thérapie.

Affirmations :

❒ Avec mon ange je peux briser les chaînes et ouvrir des portes pourtant verrouillées !

❒ Mon ange gardien me donne la force de résister à mes pensées suicidaires.

CHAPITRE VIII

Des forces spirituelles pour nous guider dans la vie

Un livre sur les anges qui se veut utile aux hommes et aux femmes d'aujourd'hui, qui donc ne se borne pas à reprendre, serait-ce avec d'autres mots, ce qui a déjà été dit sur ces messagers dans le passé, notamment dans la tradition chrétienne, doit faire une place aux approches nouvelles des forces spirituelles en tant que guides pour la vie. (J'ai choisi d'y inclure les rêves et les imaginations selon la perspective de Jung, que je trouve intéressante dans ce but.) Cette fonction est pour moi similaire à celle du gourou en Orient, ou à celle de maître intérieur ou de guide spirituel.

Dans les rêves et les imaginations, les forces spirituelles suggèrent ou transmettent des paroles de sagesse, des conseils ou des avis provenant du monde de l'Esprit, du Soi. Ces transmissions ne constituent toutefois pas des « révélations » au sens religieux du terme. Ce sont des images, des émotions archaïques qu'il faut traduire en des termes compréhensibles à la conscience. Les communications en provenance de l'inconscient sont à décrypter de telle sorte qu'elles servent à adopter un comportement responsable dans la vie. Quand les anges sont avec nous en tant que messagers et compagnons, ils nous donnent, via les profondeurs de notre âme, de sages conseils pour notre vie, et ils nous incitent à les mettre en application de manière responsable. Certains identifient les forces angéliques à la voix intérieure, une sorte d'instructeur présent dans nos profondeurs.

Il arrive souvent que l'on découvre ses convictions profondes ou sa propre vérité intérieure pendant une crise spirituelle. Les crises spirituelles sont d'un type très particulier; elles ne sont dues ni à des conflits ni à des problèmes extérieurs, elles naissent en nous-mêmes et nous atteignent jusque dans nos racines. Elles ébranlent nos certitudes et notre système de valeurs. Pendant une telle crise, les normes et valeurs collectives nous deviennent étrangères. Cette problématique personnelle, que nous n'avons fait qu'esquisser, est très exactement celle du monde actuel en général, et elle préoccupe bien des gens.

Les crises spirituelles suscitent rarement la manifestation d'un ange, ce qui ne signifie pas que rien ne se passe dans les profondeurs de l'âme. Pour mieux faire comprendre le processus, je raconterai l'expérience de Jung. Elle indique comment ce grand psychologue des profondeurs et médecin de l'âme a vécu une crise de ce type et comment il a appris à être attentif aux messages de son âme et à écouter la voix de son cœur. Ces expériences profondes, il les a personnifiées ultérieurement en un Elie et un Philémon. Son expérience est quelque peu différente de celle des anges dont il est question dans ce livre, il n'empêche qu'elle lui a pareillement permis de prendre conscience des forces spirituelles en son âme.

Les événements ont lieu en 1911 et 1913, lorsque Jung se détache lentement de son maître, Freud. Il éprouve un sentiment d'incertitude. Il est désorienté. D'un côté il se sent écarté de la poursuite de travaux passionnants avec ce maître vénérable et vénéré, et de l'autre il n'a pas encore trouvé son propre point d'appui. C'est le début pour lui d'une période très difficile. Une analyse de son inconscient et des puissantes énergies qui troublent son âme lui font traverser un temps d'extrême incertitude et de désorientation, ce qui le conduit au bord de la psychose. Une multitude de questions existentielles le harcèlent (1).

Les événements profonds qui agitent l'âme de Jung atteignent leur point culminant en décembre 1913, le mois de son anniversaire. Il avait 38 ans. Ce qu'il vit à ce moment-là ressemble beaucoup aux rites d'initiation du chaman, qui font de lui le guérisseur et le guide spirituel de son clan. Le chaman fait voyager son âme dans le monde de l'au-delà ou le royaume des ancêtres. Jung, quant à lui, décide de voyager dans les profondeurs de l'inconscient et dans sa propre âme. Il décrit son expérience de la manière suivante : « Ce fut alors comme si, au sens propre, le sol cédait sous moi et comme si j'étais précipité dans une profondeur obscure. » La Première Guerre mondiale n'avait pas encore éclaté et Jung, bien que très absorbé par ses problèmes personnels, pressentit le malheur qui allait bientôt s'abattre sur l'Europe tout entière. Dans le chaos apparent de ses profondeurs se cristallisèrent finalement trois figurent auxquelles il donna des noms. Dans l'une d'elles, il vit une femme aveugle qui s'appelait Salomé. Dans une autre, il reconnut un vieux sage auquel il donna le nom d'Elie et, grâce à un rêve particulièrement signifiant, il put reconnaître dans la troisième figure son maître invisible, Philémon :

« Il y avait un ciel bleu, mais on aurait dit la mer. Il était couvert, non pas par des nuages, mais par des mottes de terre. On avait l'impression que les mottes se désagrégeaient, et que la mer bleue devenait visible entre elles. Mais cette mer était le ciel bleu. Soudain, apparut un être ailé qui venait en planant de la droite. C'était un vieil homme doté de cornes de taureau. Il portait un trousseau de quatre clés dont il tenait l'une comme s'il avait été sur le point d'ouvrir une serrure. Il avait des ailes

1. C. G. Jung : *Ma Vie – Souvenirs, rêves et pensées.* Recueillis par Aniéla Jaffé (Gallimard, Folio).

semblables à celles d'un martin-pêcheur, avec leurs couleurs caractéristiques. »

Jung raconte ensuite quelques événements qui nous renseignent sur les images de son rêve. Pour mieux pouvoir se représenter la figure qui s'était manifestée, Philémon, il la peignit sur le mur au-dessus de son lit à Bollingen. Et il raconte ensuite comment l'être ailé du rêve se manifesta en réalité dans sa vie :

« Durant les jours, dit-il, où ce rêve me préoccupa, je trouvai dans mon jardin, sur le bord du lac, un martin-pêcheur mort ! Ce fut comme si la foudre m'avait frappé. Car il est fort rare que l'on aperçoive des martins-pêcheurs dans les environs de Zürich. C'est pourquoi j'étais tellement ému par cette coïncidence qui semblait ne relever que du hasard. Le corps de l'oiseau était encore frais ; la mort ne devrait pas remonter à plus de deux, trois jours, et on ne voyait aucune blessure extérieure. »

Une telle synchronicité, comme Jung appellera plus tard ce phénomène, se produit fréquemment dans les expériences spirituelles. Grâce à ses dialogues imaginaires avec Philémon, Jung acquiert la certitude de l'activité de l'âme en l'homme, une connaissance décisive pour lui. Comme il le dit lui-même :

« Il existe dans l'âme des choses qui ne se font pas avec le moi, mais qui se font d'elles-mêmes et qui ont leur vie propre. Philémon représentait une force que je n'étais pas. En imagination, j'eus avec lui des conversations et il dit des choses que je n'aurais pas pensées consciemment. Je perçus très exactement que c'était lui qui parlait et non pas moi. Il m'expliqua que je procédais avec les pensées comme si je les avais créées moi-même, alors qu'à son avis elles possédaient une vie propre, tels des animaux dans la forêt, des hommes dans une pièce, ou des oiseaux dans les airs… »

Pour Jung, Philémon était souvent présent en tant qu'« esprit » véritable, un maître ou un gourou invisible. Si nous laissons agir en nous ce rêve de Jung, ainsi que les commentaires, nous ferons facilement le lien entre les figures et les images qu'ils renferment et celles contenues dans les rencontres actuelles d'anges.

Parlons à présent d'Elie : Marie-Louise von Franz, la collaboratrice bien connue de Jung, y voit la personnification de l'homme divin et le rapproche analogiquement du Chidr islamique ou de Merlin dans la légende du Graal. Plus loin dans ce même texte, elle associe Elie au mercure alchimique et à Hermès, le passeur de frontières, c'est-à-dire à des symboles personnifiant le Soi. Dans une lettre, Jung écrit que le prophète Elie est, dans une large mesure, une figure mythique et selon une tradition antique, « l'incarnation d'une substance éternelle d'âme dont la nature est semblable à celle de l'ange. C'était son esprit qui avait substitué le bélier à l'enfant qui allait être sacrifié à la place d'Isaac… Il est présent, au cours de la circoncision, comme "ange de l'Alliance". Encore de nos jours, le rituel de la circoncision prévoit que l'on réserve un siège pour Elie. Lors du repas de la pâque, on pose sur la table une coupe remplie de vin et le père de famille ouvre les portes pour inviter Elie à entrer et à prendre part à la fête (2). »

Ludwig Ehrlich, un savant juif, précise qu'Elie est le voyageur qui parcourt les mondes. Dans son exposé, il dit : « Les grands d'Israël, d'Abraham à Moïse, vécurent la mort, mais Elie, lui, ne mourut pas : il disparut vivant dans un char de feu qui le transporta dans les airs et, aujourd'hui encore, il est le voyageur entre le ciel et la terre. » Plus loin, il met l'accent sur le côté singulier d'Elie à l'intérieur de la tradition juive, qui le considère en effet comme un « médiateur », qui n'est ni une personne humaine ni un être céleste, et qui se montre sans cesse secourable sur terre. Il aide les pauvres, il protège contre

2. M.-L. von Franz : *C. G. Jung. Wirkung und Gestalt* (L'Homme et son œuvre) (Huber, Frauenfeld, 1972).

l'injustice, reprend les érudits dans leurs erreurs de jugement, est l'ange gardien des enfants ; il assiste à la circoncision, est attendu au repas du Seder en tant que précurseur du Messie.

Toujours selon Ludwig Ehrlich, chacun doit devenir « comme Elie », ami et protecteur de son prochain menacé par la haine. Aujourd'hui et demain, Elie reste l'espérance concrète du Messie (3).

Cet accord au sujet d'Elie entre un théologien et un psychologue n'était pas possible il y a quarante ans. Il y eut à l'époque une grande controverse entre Jung et le philosophe juif Martin Buber au sujet des images divines et des symboles spirituels archétypaux comme, par exemple, l'ange en tant qu'entité autonome. Déjà en ce temps-là, Jung considérait les anges comme des images archétypales avec une énergie spécifique que l'on peut décrire comme des « démons psychiques ». Le moi est, en effet, en première ligne face aux puissances de l'âme, lesquelles portent des noms sacrés depuis des temps immémoriaux, si bien qu'elles sont depuis toujours reconnues dans leur existence métaphysique. L'analyse de l'inconscient a constaté depuis longtemps l'existence de ces « puissances » dans les images archétypales (4)...

Jung jette sur l'ange le regard d'un médecin, d'un thérapeute. Son interprétation se fonde sur sa propre expérience et elle propose à l'homme d'aujourd'hui, à qui les symboles religieux ne parlent plus, une nouvelle compréhension des phénomènes spirituels. Pour Jung, les anges sont des symboles archétypaux enracinés dans l'inconscient collectif, qui figurent des énergies spirituelles. Quand il parle d'anges et de démons, il a tout à fait conscience d'employer des expression verbales et des images anthropomorphes (humaines), mais c'est là le seul langage possible. Les « démons psychiques » et les anges sont ressentis par le moi pensant et la conscience

3. Dans *Allegemeine Jüdische Wochenzeitung* du 21 janvier 1993.
4. C. G. Jung : *Antwort auf Buber* (Réponse à Buber).

humaine en tant que puissances de l'âme autonomes caractérisées par une forte numinosité (une puissance divine agissant en dehors de toute caractéristique personnelle). Jung est un empirique qui considère important d'épuiser toutes les possibilités du langage scientifique avant d'en arriver aux formulations métaphysiques ou de dresser un portrait théologique des anges. Mais sa prudence ne l'empêche cependant pas de décrire « la fonction transcendantale » de la psyché. Celle-ci est une notion moderne signifiant un canal dans l'âme qui permet l'accès au monde spirituel – le contact avec les anges.

Tout comme les anges sont des messagers de Dieu, des médiateurs entre Dieu et les hommes, entre le monde spirituel et le monde tangible, la fonction transcendantale de l'âme est un trait d'union entre le conscient et l'inconscient. Le conscient et la raison ne font souvent que plaider pour des décisions claires, sans équivoque, alors que la fonction transcendantale, qui agit dans le sens d'une transformation des énergies psychiques, permet une résolution des conflits sur le vif (5). Ces changements dans l'esprit et dans l'âme constituent un processus complexe que l'on peut décrire de la manière suivante :

– La fonction transcendantale permet d'acquérir une vision globale, à l'exemple du troisième œil, qui perçoit derrière les choses et les contraires des possibilités nouvelles, que l'œil de chair ne voit pas.

– La fonction transcendantale est assimilable à un canal spirituel dans l'inconscient qui permet de résoudre les contradictions et les tensions dans la personne avec des images symboliques. Elle transforme les énergies et assure leur autorégulation.

– La fonction transcendantale entre en jeu dans les crises spirituelles. Le conscient la perçoit alors parfois comme un bon ange. Elle évite de tomber dans le piège de la partialité et les conflits dénués de sens, de les dépasser grâce à des symboles

5. C. G. Jung, *op. cit.*

ayant vertu de guérison. Le malade peut ainsi s'aider de ses propres forces et moins dépendre d'un thérapeute.

– La fonction transcendantale permet de prendre conscience de la psyché en totalité et de se rapprocher du Soi. Jung la tient pour le facteur de guérison le plus important dans le processus thérapeutique.

– La fonction transcendantale conduit à la psychothérapie transpersonnelle, dans la mesure où elle relie à l'inconscient collectif, le lieu où sont engrangées toutes les forces de guérison.

– La fonction transcendantale est un moyen de direction spirituelle, comparable à l'échelle de Jacob sur laquelle des anges montaient et descendaient. Elle met en jeu des canevas énergétiques puissants, capables de relier au monde spirituel et de faire l'expérience de ce monde.

Dans les thérapies individuelles, j'ai pu constater des améliorations de santé très nettes ainsi qu'un épanouissement personnel sensible. Les personnes qui trouvent accès au monde spirituel, qui cheminent avec les anges, ne se sentent plus menacées par le monde extérieur. Une patiente m'a dit un jour : « Depuis que les anges m'accompagnent dans la vie, je me sens bien plus aimable avec moi-même et avec tout le monde. Et je me sens aussi plus responsable à l'égard de mon environnement. »

Ce témoignage concerne tous ceux qui croient encore que les anges, ou le monde spirituel, ne sont que des notions subjectives inopérantes.

L'élargissement de la conscience et de la connaissance par l'expérience spirituelle est selon moi tout aussi important que l'exploration de l'univers. Tout comme l'on explore avec une extraordinaire curiosité l'univers, en sorte de conquérir de nouveaux espaces de vie, ainsi il serait bon que nous explorions avec passion notre monde intérieur. L'élargissement de sa conscience permet à l'homme de maîtriser ses angoisses, de tirer un meilleur profit de ses énergies spirituelles et de mieux comprendre les causes des maladies de l'âme (6).

Pour élargir notre champ de conscience et pour mieux comprendre notre monde intérieur, nous pourrions visualiser les sentiments et pensées qui se lèvent en nous, ou bien recourir à l'imagination active au sens où l'entend Jung (7). Nous pourrions aussi étudier nos rêves qui nous relient chaque nuit à « l'autre monde », le monde spirituel. La visualisation est une démarche créatrice. Avec notre pouvoir d'imaginer et notre faculté d'imager, nous pouvons extérioriser les processus vitaux qui ont lieu dans notre corps, notre âme et notre esprit, et mieux comprendre les forces qui sont à l'action en nos propres profondeurs.

Il est en est de même pour l'imagination active. Grâce à elle, les forces inconscientes sont personnifiées et projetées dans le conscient – de même qu'un film est projeté sur un écran. Comme elles sont devenues accessibles à la conscience, il est possible de les démêler. Dans le rêve, ces processus sont autonomes. C'est pourquoi Freud a pu dire que le rêve est la voie royale qui mène à l'inconscient, et j'ajoute : un fil conducteur vers le monde spirituel, d'où un ange peut parfois se présenter à nous, comme Elie à Jung.

6. H. Hark : *Religiöse Neurosen* (Névroses religieuses).
7. A. N. Ammann : *Aktive Imagination* (L'Imagination active) (Walter, 1978).

Elie, Philémon, Mercure
(page du *Livre rouge* de C. G. Jung).

Sagesse et spiritualité de l'âme

SELON la psychologie des profondeurs de Jung, les anges sont des forces spirituelles pouvant nous guider dans la vie. Ce sont des symboles chargés d'énergie spirituelle qui exercent une influence, soit effrayante, soit thérapeutique, sur le moi et le conscient. Ces forces, Jung les a découvertes par l'exploration de l'inconscient collectif dans ses rêves et par la libre association. Il les a nommées Elie et Philémon (celui qui aime). Il a peint cette figure ailée et écrit un texte où il l'associe à Hermès psychopompe, le conducteur mythique d'âmes, et à Mercure (voir la reproduction ci-contre).

Les recherches de Jung sur les forces autonomes de l'inconscient et ses connaissances sur la « fonction transcendantale de la psyché » apportent aux cherchants de notre temps un éclairage nouveau sur l'ange. Tandis que dans la tradition biblique, les anges apparaissent comme des messagers divins et que leur représentation traditionnelle veut qu'on les montre dans une forme symbolique correspondant à cette fonction, la notion nouvelle de forces spirituelles comme guides dans la vie les montre comme des diffuseurs d'énergie pour le conscient et pour la vie. Ces deux modes de représentation ne sont pas contradictoires, mais sont à regarder plutôt comme deux apparences d'un même phénomène, comme le sont l'onde et la corpuscule pour le phénomène de la lumière au regard de la physique quantique.

Le profit que chacun peut tirer des connaissances de Jung est la compréhension qu'au centre de l'âme, dans le Soi, sommeillent des possibilités de vie et d'énergies apparemment indestructibles. Ce centre de la personne est le lieu d'opération de l'âme. La psychologie des profondeurs selon Jung montre la voie à suivre pour rétablir une relation saine entre la tête et le cœur. La « tête » représentant la raison, le conscient, la pensée logique, les fonctions du moi, et le « cœur » l'âme, les émotions. Ainsi nous pouvons gérer notre vie en équilibrant, comme on équilibre les deux plateaux d'une balance, ces deux instances composant notre personne. Jung nous rappelle que les sources vivifiantes de l'âme proviennent du Soi. Pour établir le contact avec le Soi, notre compagnon spirituel est d'un précieux secours.

Hermès psychopompe (terre cuite, Attique).

Affirmations :

❒ Mon ange active et libère mon potentiel de création !

❒ L'ange purifie et ouvre les canaux de mon âme à une spiritualité nouvelle !

CHAPITRE IX

Des forces de création et d'inspiration

Poèmes d'anges de Rose Ausländer et de Rainer Maria Rilke.

« Dirige tes pas vers les anges »

Ces profondes paroles concluent le poème de Rose Ausländer : *l'Ange en toi* (1), où elle décrit la communication entre l'homme et l'ange depuis la perspective de l'ange.

L'ange en toi

L'ange en toi
Se réjouit de ta
Lumière
Pleure de tes ténèbres.

De ses ailes bruissent
Des mots d'amour
Des poèmes de caresses.

---

1. Rose Ausländer : *Jeder Tropfen ein Tag* (Chaque goutte, un jour) (Fischer, 1990) – *Mein Atem heisst jetzt* (Mon souffle s'appelle maintenant) (Fischer, 1985) – *Die Erde war ein atlasweisses Feld* (La Terre était un atlas blanc) (Fischer, 1985).

Il veille
Sur ton chemin
Aussi dirige tes pas
Vers les anges.

Ce poème m'a appris que dans nos relations avec les anges, ceux-ci réagissent à nos humeurs. Ils pleurent sur nos ténèbres et se réjouissent de notre lumière. Selon Rose Ausländer, les anges réagissent de manière sentimentale. Les sentiments de l'âme sont comme un pont entre eux et les hommes. La poétesse se situe ainsi dans la ligne de Rainer Maria Rilke qui a souvent parlé des « sentiments » des anges. Nous y reviendrons plus loin.

Je vous inviterai à relire ce poème, à le sentir et à réfléchir dessus, à voir en quoi il pourrait vous servir pour vos propres rencontres d'anges. Ensuite, j'aimerais vous faire partager les idées qui me sont venues en méditant sur ce poème, et alimenter ainsi votre propre réflexion.

En sa qualité de compagnon spirituel, l'ange n'est pas à chercher entre terre et ciel, comme l'indiquent certaines représentations traditionnelles, mais plutôt, comme le dit Rose Ausländer, en nous-mêmes. Celle-ci exprime en termes poétiques le souci qui est aussi celui de la psychologie des profondeurs depuis le départ : rappeler à l'homme la dimension, la réalité en sa propre âme. Quand elle décrit l'ange comme présence spirituelle en nous-mêmes, elle renvoie au message biblique du royaume de Dieu qui est en nous (Luc 17, 21). Il semble que l'homme ait trop tendance à chercher l'expérience spirituelle à l'extérieur de lui-même, dans la réalité extérieure, au lieu d'écouter l'ange en lui-même, d'entendre son doux murmure.

Rose Ausländer présente l'ange dans trois de ses fonctions. Par ces mots : « Il veille sur ton chemin », elle met l'accent sur la première, celle d'*ange gardien.* L'idée traditionnelle de l'ange gardien qui protège et intervient dans les situations dangereuses n'est plus soutenable aujourd'hui, après deux épouvantables Guerres mondiales, et Auschwitz.

C'est pourquoi la poétesse précise que l'ange est le veilleur et non plus le gardien. La seconde fonction de l'ange dans ce poème peut se résumer, selon moi, par la formule d'*ange scribe :* « De ses ailes bruissent des mots d'amour, des poèmes de caresses. » Lorsque nous sentons la proximité d'un ange ou entendons le bruissement de ses ailes, cela fait l'effet, sur des êtres sensibles, d'une caresse ou de mots d'amour. Cette sensation peut être à l'origine d'un poème. Nombreux sont les poètes chez lesquels l'acte créateur est déclenché par une force d'inspiration, semblable au toucher d'un ange.

La troisième modalité d'être de l'ange peut, selon moi, être exprimée par le terme d'*ange de l'âme,* celui qui donne à la joie et aux pleurs leur sens profond. Vu ainsi, l'ange de Rose Ausländer apporte un enseignement précieux : il participe aux émotions de mon âme, il a des antennes et des sens pour percevoir ma lumière et mes ténèbres. Bien que non doté d'organes de perception au sens humain, il est néanmoins capable de se réjouir ou de pleurer. Il n'est donc plus l'être sans âme que présentent souvent les textes traditionnels. Le fait de prêter à l'ange des sentiments humains peut être mis en rapport avec la fonction transcendantale de l'âme, décrite plus haut.

Le poème se termine sur une invitation, celle de se rapprocher des anges, de porter ses pas « vers les anges ». J'interprète ce vers comme une orientation nouvelle, comme une approche nouvelle des anges, c'est-à-dire de la réalité spirituelle. L'idéologie actuellement dominante est celle du progrès, et le progrès, ici, consiste à s'approcher plus près des anges. Il ne s'agit pas de se contenter de nourrir sur eux de nouvelles et belles pensées, mais d'une démarche concrète. Le moi-conscience qui régit nos décisions, nos orientations dans la vie, est appelé à se tourner vers les anges. Ce qui implique non pas de l'attentisme, mais l'action concrète. C'est ce à quoi la poétesse nous convie :

Viens, ange, conduis-nous au paradis.
Là-bas, nous serons deux petites fleurs chétives.

L'ange chez Rilke

Comme il a été dit plus haut, les sentiments et émotions éprouvés par l'ange dans le poème de Rose Ausländer sont décrits dans leur plénitude par Rainer Maria Rilke. Avant de présenter les poèmes de cet auteur, ce qui est une entreprise difficile, je tiens à préciser que mon propos n'est pas une étude littéraire, mais une méditation induite par de libres associations autour de textes de Rilke.

Mes réflexions personnelles sur l'ange dans l'œuvre de Rilke s'appuient beaucoup sur *les Elégies de Duino* (la deuxième). L'étude des divers aspects de l'ange chez Rilke est plus le travail du critique littéraire, ce qui n'est pas mon propos. C'est pourquoi, je renvoie ceux qui s'intéressent à cet aspect-là de l'œuvre du poète à des livres qui en parlent (2). Nous avons déjà abordé les expériences d'anges de divers points de vue. Pour ce qui concerne les anges de Rilke, je proposerai les trois voies d'approche suivantes :

– L'étude biographique de l'auteur qui permet de mieux comprendre ce thème chez lui.

– L'éclairage des textes choisis à la lumière de la psychologie des profondeurs.

– L'ange comme symbole spirituel.

Etudier la vie de ce poète de génie, lire ses lettres et ses notes, cela apporte bien des lumières sur ses images poétiques et les rend plus saisissantes encore. Il faut cependant se garder de vouloir considérer l'œuvre de Rilke sous le seul angle du vécu personnel, en croyant qu'il suffit à nous donner toutes les

2. J.-F. Angellos : *Rainer Maria Rilke* (Gallimard, 1979) – P. Jaccottet : *Rilke par lui-même* (Gallimard, 1976).

clés pour la comprendre. Pour dégager ce qui dans sa vie a pu influencer sa vision des anges, j'aborderai celle-ci en fonction de plusieurs phases de création, de plusieurs crises existentielles, ainsi que des innovations qui en ont découlé. Pour ma part, certains anges de Rilke sont dus à la forte ambivalence qui caractérise sa relation à sa mère. Il y a bien des années déjà, j'ai pu remarquer, dans le cadre de mon travail thérapeutique, que l'image de Dieu, elle aussi, était liée à l'image intériorisée des parents. Ce même processus éclaire la gestation de l'ange chez Rilke. A mon avis, s'il a trouvé « tout ange terrifiant », c'est à cause de sa propre relation à sa mère. Cela ressort clairement de cette lettre qu'il écrit le 15 avril 1904 à Lou Andreas-Salomé, qui longtemps fut son « amante maternelle » :

« Ma mère est venue à Rome, et s'y trouve encore. Je ne la vois que rarement, mais, tu le sais, chacune de nos rencontres est une sorte de rechute... Chaque fois qu'il me faut revoir cette femme égarée, irréelle, sans lien avec rien et qui ne peut vieillir, j'ai le sentiment que, tout enfant déjà, j'ai dû chercher à la fuir ; et tout au fond de moi, après des années et des années d'allées et venues, je crains de n'être pas encore assez loin d'elle, de garder encore quelque part en moi des mouvements qui soient l'autre moitié de ses gestes étriqués, quelques fragments des souvenirs qu'elle emporte partout, en morceaux, avec elle ; alors, je prends en horreur sa piété distraite, sa foi têtue, tout cela de difforme et de contrefait à quoi elle se cramponne, elle-même pareille à un vêtement vide, fantôme effrayant. Dire que je suis néanmoins son enfant ; que dans cette paroi éteinte et détachée de tout, quelque porte dérobée, à peine visible, a été mon accès au monde (si pareille porte peut jamais y donner accès...) ! (3) »

Cette horreur éprouvée devant sa mère, Rilke l'exprime également dans un poème qu'il a écrit en 1915 (4) :

---

3. *Correspondance* (Le Seuil).
4. Cité par Holthusen : *Rainer Maria Rilke* (Rowohlt, 1958).

Hélas, ma mère me déchire.
Voici, je m'étais construit pierre par pierre
et me dressais déjà telle une petite maison
autour de laquelle le jour, amplement, peut se mouvoir,
sans l'aide de personne.
Mais vient ma mère, elle vient et me déchire.

Elle me déchire, car elle vient et scrute,
Sans voir l'être qui se construit.
Elle me pénètre à travers le mur de pierre.
Hélas, ma mère me déchire.

Les oiseaux, plus légers, volent autour de moi.
Et les chiens étrangers me reconnaissent comme moi.
Seule ma mère ne sait voir
mon visage qui lentement s'est formé.

D'elle à moi il n'y eut jamais un souffle chaud.
Elle ne vit pas là-bas, à l'air libre.
Elle est couchée dans la haute alcôve du cœur fermé,
où Christ chaque jour vient
et la lave.

Il est vrai que Rilke fait remarquer ailleurs qu'il y eut aussi, dans son enfance, de la tendresse entre lui et sa mère. Il souffre néanmoins d'un profond sentiment d'ambivalence, lequel se reflète dans la double, la multiple image, qu'il donne de l'ange.

En tant que psychologue des profondeurs, j'émets l'hypothèse que le poète a créé le symbole spirituel de l'ange, c'est-à-dire une contre-image positive, pour pouvoir maîtriser son image intérieure d'une mère effrayante. Une telle projection, une telle réaction mystérieuse de la part de Rilke, l'a incité à créer dans ses poèmes un ange correspondant à ce qu'on nomme en psychothérapie analytique un contre-transfert. De même que l'analysé transfère sur l'analyste ses problèmes, le plus souvent inconscients, et que celui-ci réagit consciemment et inconsciemment par des contre-transferts, de même Rilke réagit aux innombrables expériences avec sa mère et ses nombreux amis ou amies par des contre-transferts, lesquels sont à l'origine de ses images poétiques et de ses anges. Je ne cherche évidemment pas à réduire son œuvre à une série de projections et de contre-transferts, mais cette très courte analyse nous éclaire sur un ressort essentiel du psychisme de Rilke. Tout comme il a longtemps lutté avec sa mère, l'image intérieure de sa mère, ainsi il a lutté avec son ange, en son esprit et en son âme. L'ange de Rilke est, selon moi, un symbole spirituel qui lui est propre.

Il me semble distinguer trois aspects de l'ange dans l'œuvre du poète :

– L'ange comme messager, comme annonciateur.
– La relation dialectique entre l'homme et l'ange.
– Le devenir-ange de l'homme et sa métamorphose spirituelle.

L'ange-annonciateur est présent dans le poème suivant (5), écrit en 1899, dont je citerai la première et la dernière strophe :

Tu n'es guère plus près de Dieu que nous ;
nous sommes tous distants de lui.
Mais cependant te sont de merveilleuse sorte
les mains bénies.
Chez aucune autre femme elles n'ont tant mûri,
hors de l'ourlet jaillies étincelantes :
Je suis le jour et je suis la rosée,
mais seule tu es l'arbre.

Si pleins d'angoisse sont les anges
qu'ils vont tous se lâchant la main :
jamais la soif ne fut encore telle,
tellement imprécise et tellement immense.
Quelque chose peut-être enfin va s'accomplir

5. *Le Vent du retour,* traduction par Claude Vigée (Arfuyen).

que dans ton rêve seul tu saurais concevoir.
Je te salue, et mon âme le voit :
tu te sais prête et tu mûris.
Tu es comme une porte vaste et haute
et tu vas t'entr'ouvrir en peu de temps.
Maintenant je le sens, ma parole en toi-même
(toi qui fus de mon chant l'oreille préférée)
comme en la forêt se perdit.

Ainsi je vins et te parfis
pour toi mille et un rêves.
Dieu vit ma face : il m'éblouit...
Mais seule tu es l'arbre.

Pour Rilke, l'être humain est ici le «tu», le vis-à-vis de l'ange. Une distance qualitative sépare Dieu, l'être humain et le monde, comme dans les représentations traditionnelles, bibliques notamment : «nous sommes tous distants de lui.» Mais les anges sont, eux, plus près des hommes que de Dieu. C'est probablement le rêve de Jacob qui a suggéré à Rilke cette idée. On se souviendra en effet de l'échelle de Jacob sur laquelle des anges de Dieu montaient et descendaient. Mais il convient de faire un autre rapprochement encore : l'échelle est vue ici comme l'instrument permettant d'accéder au monde céleste. Dans le poème de Rilke, c'est l'homme, en tant qu'arbre, qui rend possible l'ascension dans le monde spirituel. L'arbre a cette fonction-là dans l'initiation chamanique. Pour un chaman, en effet, gravir l'arbre c'est monter vers l'au-delà.

L'ange se présente lui-même comme le jour et la rosée et, dans la troisième strophe, il dit être «un souffle dans le bois». Ce sont-là des images et des symboles traditionnels. Pourtant, dans la dernière strophe, le monde des anges s'agite curieusement. Les anges sont «pleins d'angoisse», et attendent, mais quoi ? Leur incertitude est exprimée par le «peut-être». L'être humain est appelé à comprendre ce que les anges annoncent dans ses rêves. L'attitude de disponibilité envers les anges est décrite avec la métaphore de la porte qui s'entr'ouvre, permettant ainsi à l'âme de voir et à l'oreille d'entendre. C'est cette ouverture, cette disposition de l'être humain qui rend possible le voyage. L'arbre est un symbole primordial de l'épanouissement de la personnalité. C'est pourquoi, chaque strophe du poème s'achève sur cette phrase : « Mais seule tu es l'arbre. »

En ce qui concerne le rapprochement fait par Rilke entre l'arbre et l'homme, il convient de penser aussi à l'image biblique de l'Arbre de Vie qui pousse à côté de l'Arbre de la Connaissance dans le jardin d'Eden (Genèse, 3). La « chute » qui suit le péché originel est interprétée par la psychologie des profondeurs comme signifiant le processus d'individuation. Après la chute, l'accès à l'Arbre de Vie est interdit et gardé par des anges à l'épée flamboyante (des chérubins). Selon le rêve de saint Jean, un rêve archétypal, le jour viendra où l'accès à l'Arbre de Vie redeviendra possible et où ses feuilles guériront les êtres humains (Apocalypse 22).

Le second aspect de l'ange dans l'œuvre de Rilke est à considérer sous l'angle d'un dialogue bien vivant entre l'être humain et l'ange. Pour illustrer mon propos, j'ai choisi quelques textes qui parlent du « toucher » de l'ange. Par ce terme, le poète prête à l'ange une modalité d'être qu'on rencontre rarement ailleurs.

Regarde, des anges diffusent à travers l'espace
leurs sentiments qui ne cessent jamais.
Notre incandescence leur serait froideur.
Regarde, des anges rougeoient à travers l'espace.

Cependant qu'à nous, qui n'en savons rien d'autre,
tantôt une chose se refuse, tantôt une autre échoit en vain,
eux marchent, enthousiasmés par ce qu'ils ont à accomplir,
à travers leur domaine pleinement achevé (6).

---

6. *Poèmes à la Nuit,* traduits par Gabrielle Althen et J.-Y. Masson (Verdier).

Le poète introduit la première ligne par « Regarde » (souvent employé par la Bible en relation avec des apparitions d'anges) (7). Ce « Regarde » suppose une attention et une vision sortant de l'ordinaire. C'est une telle attention et une telle vision qui permettent de sentir la présence des anges. Dans la deuxième ligne, les « sentiments qui ne cessent jamais » ne doivent pas être entendus au premier degré. Je dirai, pour ma part, qu'il connotent le *feeling* pour les énergies spirituelles qui « rougeoient à travers l'espace ». Celles-ci ne se manifestent pas de manière chaotique, mais avec un but, selon un modèle énergétique dont l'action ne cesse jamais.

Dans un autre de ses poèmes, Rilke met en relation le « toucher d'un ange » avec un courant qui va au-delà, de profondeurs qui opèrent et d'obstacles.

Ah que tombe au toucher d'un ange
un rayon dans cette mer sur une lune,
et mon cœur au-dedans, corail qui lutte en silence,
habite ses toutes jeunes branches.

La détresse que m'ajoute l'être qui œuvre
sans se laisser reconnaître, me demeure incertaine,
le courant hésite, le courant s'en va au-delà,
les profondeurs opèrent, et les obstacles.

De l'antique insensibilité de pierre
naissent des créatures soudain élues,
et sur l'éternel silence de tous les êtres
fond le vacarme d'un destin (8).

A la fin de la *Première Elégie,* l'énergie primordiale est complétée et élargie avec l'image de « courant de l'éternité à travers les deux règnes » des vivants et des morts.

---

7. Ce « Regarde » ou « Vois » revient environ cent soixante dix fois dans la Bible, particulièrement dans les Psaumes, chez Isaïe et Amos, et dans l'Evangile. Matthieu et Luc l'emploient pour signifier une apparition d'ange (voir I, 20 et II, 13 pour l'un, le premier chapitre pour l'autre).

8. *Op. cit.*

Les Anges (dit-on) souvent ne savent pas s'ils passent
parmi des vivants ou des morts. Le courant de l'éternité
à travers les deux règnes entraîne tous les âges
avec soi, toujours, et les confond chacun (9).

Rilke est particulièrement sensibilisé aux relations entre le monde des vivants et celui des morts à cause de la mort d'amis (qu'il a évoquée dans son recueil intitulé *Requiem*). Mais il subit aussi les effets de ses fantasmes suicidaires. Il imagine les anges comme ignorant « s'ils passent parmi des vivants ou des morts ». Pour eux, la frontière qui sépare la vie de la mort est poreuse.

Nous avons déjà rencontré des traits d'anges ne figurant pas dans la Bible ou d'autres textes traditionnels. Là on se limite principalement à décrire l'action des anges en fonction de réactions humaines. Rilke, lui, apporte du nouveau. En tant que psychologue des profondeurs, je dirai que ce sont ses sentiments ambivalents pour sa mère qui lui ont inspiré cette vision particulière des anges, l'horreur qu'il éprouve et dont nous avons déjà parlé. Il me semble qu'il cherchait à créer des images pour sa guérison (10). Cela, je le répète, n'enlève rien à son imagination si féconde. Pour ce qui est de l'action salutaire de l'ange, Rilke la décrit ainsi à la fin de sa *Première Elégie :* « Le vide entra en vibration et connut l'harmonie qui maintenant nous ravit, nous console et nous aide (11). »

Je voudrais maintenant aborder la question du « devenir-ange » de l'être humain, sa métamorphose spirituelle. Le poème suivant de Rilke nous y introduira :

Au cœur de la nuit je veux m'entretenir avec l'ange,
lui demander s'il reconnaît mes yeux.

---

9. Traduction d'Armel Guerne (Le Seuil, 1972).

10. Aux lecteurs qui pourraient estimer hors de propos cette explication psychanalytique de l'œuvre de Rilke, je suggérerai de se référer au livre que Lou Andreas-Salomé a écrit là-dessus.

11. *Op. cit.*

S'il demandait soudain : vois-tu l'Eden ?
il me faudrait dire alors : l'Eden est en feu.

Je veux élever ma bouche jusqu'à lui
insensible comme celui qui ne désire rien.
Et si l'ange parlait ainsi : que pressens-tu de la vie ?
il me faudrait dire alors : la vie consume.

S'il trouvait en moi cette joie
qui devient éternelle en son esprit, –
et qu'il la prît, l'élevât dans ses mains,
il me faudrait dire alors : la joie est folie (12).

Ce poème, Rilke l'a écrit à la fin septembre 1914, de sorte qu'on peut considérer qu'il exprime sa réaction personnelle à la guerre qui vient de commencer. Il peut nous sembler téméraire à la limite qu'il veuille s'entretenir avec l'ange. Quant aux yeux de la deuxième ligne, ils connotent la vision intérieure. Puis, si l'ange lui demandait s'il voit l'Eden, Rilke répondrait, « l'Eden consume », ce qui est une allusion directe à l'embrasement du monde par la guerre. Cette vision apocalyptique est encore approfondie dans la deuxième strophe. A supposer que l'ange lui demandât comment il voit ou pressent la vie de l'homme, il répondrait que la vie, à cause de cette maudite guerre, consume. La terrible guerre détruit également toute joie. Les joies profondes et fécondes chantées dans d'autres poèmes d'anges deviennent, en ces années de guerre, trompeuses.

Après ces vers empreints d'un fort pessimisme, nous allons voir comment Rilke crée l'image d'un ange dans son imaginaire. Dans une lettre datée de 1903, il s'appuie sur la lutte de Jacob avec l'ange pour décrire son combat de poète : «… Et puis je veux construire de toute la dévotion qui est dans mes mains, et je ne quitterai un passage aussi longtemps qu'il restera moindre que moi-même ; je veux que chaque passage soit

12. *Poèmes à la Nuit,* traduits par Gabrielle Althen et J.-Y. Masson (Verdier).

pareil à un ange, qu'il me vainque, je l'obligerai à me faire plier, bien que ce soit moi qui l'ai écrit (13). »

Rilke veut travailler à son œuvre jusqu'à être surpassé par elle. Il veut contraindre son ange-génie à le faire plier ; il veut être vaincu par lui. Avec ces images d'engloutissement, il nous conduit jusqu'aux limites de l'exprimable.

Et voici un dernier poème d'ange. Je vous suggérerai de vous laisser porter par les phrases, de les laisser agir en vous, comme cela se passe généralement dans le monde des rêves. Nous pouvons également faire l'expérience d'une telle identification au cinéma ou au théâtre. Quand nous nous reconnaissons dans un des personnages, c'est que nous nous sentons concernés par un problème qu'il incarne. Comme Tobie a suivi Raphaël, ainsi nous suivons l'ange de ce poème. Observez ses faits et gestes de très près, comme s'il incarnait un être que vous aimez. Ainsi, vous pourrez faire un pas de plus en direction de votre ange personnel ; vous vous rendrez plus disponible à lui et plus apte à prendre conscience de son activité en vous, à en faire l'expérience.

L'Ange

Penchant légèrement son front il rejette
au loin tout ce qui contraint et limite :
car l'éternel avenir drapé d'immense
décrivant ses cercles traverse son cœur.

Pour lui les cieux profonds sont remplis de figures
et chacune peut l'appeler : viens, reconnais.
Du poids qui repose entre tes mains, prends garde
de ne rien confier à ses mains légères.

Car elles viendront alors dans la nuit
t'éprouver au combat, traversant

13. Cité par A. Stephans : *Nacht, Mensch und Engel* (La nuit, l'homme et l'ange) (Insel, 1978).

en colère la maison pour saisir,
brisant tes formes comme pour te créer à nouveau (14).

Comme l'a dit Lou Andreas-Salomé, Rilke avait lui-même eu le désir de devenir médecin. Ce désir transparaît à la fin de ce poème. Et il s'est en quelque sorte réalisé, car on peut considérer que Rilke, par ses poèmes, est un médecin de l'âme, capable de revivifier les souffrants. Pour Rilke, l'ange n'est pas qu'une création poétique ou esthétique, il est aussi et surtout un symbole thérapeutique auquel il a recours pour conjurer sa peur de la maladie physique et de la mort. Plusieurs études biographiques et sa correspondance indiquent du reste qu'il souffrait de névrose obsessionnelle. Ainsi l'ange de Rilke peut aider ceux qui souffrent d'angoisses similaires ou présentent des symptômes similaires. Mais il peut aider aussi chacun de nous, étant donné la grande richesse de son expérience spirituelle.

Comme je conseille moi-même des personnes souffrant d'angoisses et de blocages psychiques, je sais combien sont utiles l'imagination active d'après Jung et la visualisation. Après une phase de détente, vous concentrez toute votre force d'imagination sur l'ange pour susciter son apparition. Après quoi, vous suivez le déroulement de cette visualisation en vous, comme vous le feriez pour un rêve diurne ou nocturne. Ensuite, vous pourriez mettre par écrit votre expérience ou bien la dessiner.

Cette démarche créatrice, ce processus thérapeutique, nous allons l'examiner de plus près encore grâce au poème *l'Ange* de Rilke cité plus haut. Rilke parle d'abord de l'humble salut de l'ange. Ce geste n'est certainement pas à interpréter du point de vue des convenances. Car « il rejette au loin tout ce qui contraint et limite ». Il n'oblige à rien. L'attitude d'humilité de l'ange nous élève au contraire, et il fait pénétrer l'ange dans

14. *Poèmes* (Le Seuil).

l'énergie tournoyante de notre cœur. L'ange de Rilke apparaît surtout la nuit, alors que les pensées sont au repos, que le moi est en retrait et que l'âme voyage dans « les cieux profonds ». Ceux-ci n'ont rien à voir avec le ciel physique ou celui des Ecritures. Ils sont assimilables aux profondeurs de l'inconscient qui appellent, « viens, reconnais ». Cette re-connaissance de soi-même est décrite dans la suite du poème comme un combat. Rilke, dans cette image, s'est de toute évidence inspiré de la Bible, du combat de Jacob avec l'ange qui, finalement, le bénit (Genèse 32, 30).

Dans les lignes suivantes, il est dit que ces « cieux profonds » sont pleins de figures qui traversent la maison en colère, la maison de l'âme. Dans leur colère, elles cherchent à s'emparer de nous. Cette colère représente les forces puissantes qui, la nuit dans nos rêves, peuvent venir nous épouvanter et nous remplir de frayeur. Ces lignes sont étroitement liées à ce vers des *Elégies* où Rilke dit que « tout ange est terrifiant » – au sens où il nous remplit de frayeur. Au cours d'une thérapie, de telles frayeurs sont fréquentes quand il s'agit de sortir de comportements figés ou de renoncer à un mode de vie névrotique. Tout comme à la naissance nous devons renoncer à notre union physique avec la mère, ainsi les schémas surranés de la vie et la carapace caractérielle doivent céder au moment de la renaissance de l'âme opérée par l'ange, ainsi que l'écrit Rilke dans son poème.

Pour conclure mon exposé sur l'ange chez Rilke, évidemment bien trop court, je voudrais dire un mot sur les recherches faites par Heinrich Imhof autour de l'image de Dieu chez ce poète (15). L'auteur, qui se réfère aux travaux de Jung, invite le lecteur à pénétrer dans « ce lieu profond chez l'homme où s'accomplit toute création poétique [...] Dans cet éclairage inédit l'on peut distinguer le cheminement intérieur d'un poète... » Au dernier chapitre, dont le thème est la métamor-

---

15. Imhof : *Rilkes « Gott »* (Le « Dieu » de Rilke) (Heidelberg, 1983).

phose de « Dieu », Imhof en arrive à parler de l'ange qui, d'après Rilke, « a sa demeure dans le monde, mais aussi dans l'autre monde, et qui reçoit une nourriture inépuisable des deux mondes. Comme le dit Rilke lui-même, nous devons chercher à réaliser la plus haute conscience d'être, celle qui est chez soi dans les deux mondes, et reçoit une nourriture inépuisable de l'un, comme de l'autre... La vraie vie traverse ces deux régions, le sang de la grande circulation les irrigue : il n'y a ni un ici ni un là-bas, seule une vaste unité dans laquelle ces êtres supérieurs, les "anges", ont leur demeure. »

Imhof fait remarquer que Rilke met ici l'ange entre guillemets, en sorte de le séparer des représentations chrétiennes traditionnelles. Là-dessus, j'aimerais conclure en disant que Rilke voit en l'ange la « plus haute conscience d'être », que chacun doit s'efforcer de réaliser.

Dans ce poème, la figure de « l'ange » est chez soi dans la vie consciente comme dans la « mort », c'est-à-dire l'inconscient. La « mort » dont parle Rilke est associée une fois de plus au monde archaïque, pseudohistorique de l'inconscient, j'ai à peine besoin de le souligner. C'est la raison pour laquelle la « mort », l'inconscient, ne peut être maîtrisée que par cette « plus haute conscience ». Ce qui explique que Rilke parle de vie recevant une nourriture inépuisable de l'un et l'autre monde, du conscient et de l'inconscient.

En ce qui concerne le travail personnel pour la reconnaissance et le développement de soi, il me paraît important que vous vous demandiez, dans votre visualisation d'anges, quelle part de l'image est à attribuer à l'image intériorisée de vos parents et, peut-être, aussi quelle part de l'image est à attribuer à votre image de Dieu. Si je parle de cela, c'est à cause de mon évocation des relations ambivalentes de Rilke avec sa mère, où je disais qu'elles avaient agi dans sa représentation des anges. Si notre image de l'ange est influencée par des souvenirs de relations similaires avec nos propres parents, ou des valeurs et des représentations religieuses, nous risquons, comme Rilke, d'être confrontés à des expériences négatives et des représentations effrayantes, et dire comme lui : « Tout ange est terrifiant ! » Quand, à l'inverse, nous avons conscience que l'ange représente aussi des forces mentales et spirituelles positives, les forces de guérison de l'âme et tous ses espoirs peuvent se libérer et faire œuvre salutaire.

Comme dernière suggestion pour votre approche personnelle de l'ange, je voudrais rappeler une dernière fois un vers d'un poème déjà cité : *Au cœur de la nuit je veux m'entretenir avec l'ange.* Pour Rilke, et pour bien d'autres, la nuit est propice aux dialogues avec l'ange. Tout comme la nuit favorise le rêve parce que le moi est au repos et qu'il ne règne plus sur le Soi en tyran, ainsi elle est également propice à l'apparition d'anges. Comme exemple, je rappellerai encore une fois le rêve de Jacob ainsi que mon propre rêve cité dans l'introduction. L'on peut aussi profiter de l'insomnie pour invoquer son ange, pour obtenir de lui protection et paix. Dans l'insomnie ou dans les moments précédant l'endormissement, on a, je le sais, tendance à ruminer ses problèmes et ses frustrations. Ce qui est évidemment préjudiciable. Il est plus profitable de « diriger ses pas vers les anges », comme le dit si bien Rose Ausländer. Facile à dire ! me rétorquerez-vous, mais comment s'y prendre ?

Je vous proposerai de suivre l'exemple d'un de mes lecteurs âgé de 35 ans qui a passé plusieurs semaines en clinique à cause d'une tension artérielle trop élevée, laquelle était liée à des problèmes d'insomnie. Chaque fois qu'il n'arrivait pas à s'endormir, il parlait avec son ange. C'est grâce à lui que je connais la prière à l'ange de Werner Bergengruen. Cette prière l'a beaucoup aidé. Il la disait lentement, à voix basse, jusqu'à s'assoupir.

Frère ange, chaque nuit,
avant que les démons me découvrent,
toi, mon gardien, tu as déployé déjà
tes ailes aux couleurs d'aurore.

Tu ne me laisses jamais seul,
mais du regard et de la main me conduis,
Dans le ravissement comme dans le danger.
Je te sens toujours à mes côtés,
ta main prête à prendre la mienne,
alors même qu'elle est sans force.

Tu me portes en frère,
à travers le pays rouge de l'Enfer,
et devant les falaises abruptes
martèles pour moi des marches confortables.
Contre les coups tu me protèges,
et les hauts murs tu les abats.

Mes plaintes contre toi, jamais tu ne les écoutes,
Tu me restes fidèle toujours,
même dans mon ingratitude et mon indifférence pour toi.
Escorte-moi, mon bon ange,
à travers les rues sinistres et vides.
Arrache-moi au temps.

Conduis-moi, mon bon ange, de nouveau,
comme tu voudras. Puis tu seras libre.

Ôte la pierre qui pèse sur ma poitrine,
mon bon ange, reste auprès de moi.

CHAPITRE X

L'ange gardien

J'AIMERAIS à présent vous parler de l'ange gardien. Un jour, dans une séance de thérapie de groupe, j'interrogeai les participants sur le rôle de cet ange, en leur demandant qu'ils me disent comment ils voyaient son aide. Les réponses fusèrent en toute spontanéité. En voici la liste :

– Il éloigne le mal.
– Il se manifeste par des hasards heureux.
– Il arrange nos affaires.
– Il se montre dans des situations limites.
– Il m'inspire de bonnes actions.
– Il est le frère jumeau de l'âme.
– Il est mon patron/gardien personnel.
– Il est d'une très haute intelligence.
– Il se fait entendre comme voix intérieure.
– Il est mon anima/animus spirituel.
– Il est comme mon amant intérieur.
– Il m'envoie de la sagesse depuis mon cerveau droit.
– Il exalte mon imagination.
– Il rend efficaces les énergies de guérison.
– Il est mon inspiration salvatrice.

Avant d'aller plus loin, je vous invite à choisir, parmi ces réponses, celles qui vous parlent le plus. Mais peut-être voudrez-vous aussi enrichir cette liste de vos découvertes personnelles. Peut-être certaines réponses vous rappellent-elles des vécus, soit positifs, soit négatifs. L'énumération que j'ai proposée ne prétend pas être exhaustive.

Dans le groupe, nous avons travaillé sur chaque réponse et, par ce biais, avons étudié « la fonction et l'action de l'ange gardien ». Nous avons ainsi retenu les verbes suivants : protéger, fortifier, mettre à la disposition, parler, inspirer, etc. Après cela, un deuxième échange de vues nous a permis d'approfondir l'ange gardien selon la psychologie des profondeurs et de dégager son action thérapeutique. Il y eut le cas, très riche de sens, d'une dame d'âge moyen qui ressentait son ange gardien comme l'aimé intérieur. Cette femme avait connu des échecs répétés, dans un mariage et plusieurs liaisons. Après avoir pratiqué l'imagination active, l'ange lui apparut comme un doux sentiment d'amour. Elle espérait ainsi rencontrer à nouveau un partenaire et pouvoir l'aimer.

Un monsieur raconta que son ange l'inspirait et stimulait son imagination. L'imagination lui avait fait défaut pendant des années. Son métier de technicien l'avait conduit à ne plus voir que les choses tangibles de sorte qu'il avait totalement négligé son univers intérieur, son âme. Mais un jour, il s'effondra nerveusement. La crise spirituelle qu'il traversa alors l'ouvrit à ce monde intérieur qu'il avait négligé.

Une jeune femme de 20 ans raconta que la méditation lui avait appris à entendre la voix intérieure. Elle consultait son ange pour ses problèmes importants et le priait de lui offrir des pensées justes.

Enfin, je voudrais rapporter quelques propos d'un enseignant âgé de 65 ans qui, pendant son analyse, avait longuement analysé son anima, c'est-à-dire l'image qu'il avait de son âme. Ce travail lui avait permis de découvrir une sorte de nouvelle spiritualité, qui lui était source d'inspiration et qui le réconcilia avec Dieu.

Pour ce qui concerne les énergies salutaires émanant de l'ange gardien, je citerai un cas rencontré par un confrère ; celui d'une patiente qui, des semaines entières, avait été tourmentée par l'idée de se donner la mort. Elle était comme possédée par ce fantasme et avait encore renforcé ses sombres projets en envisageant les moyens les plus sûrs pour en finir avec la vie, tant ses angoisses et ses tensions lui étaient devenues insupportables. Or, une nuit, un ange se manifesta à elle et lui insuffla un nouveau désir de vivre. Après quoi, ses idées de suicide s'évanouirent. Les énergies spirituelles avaient été efficaces au point de rompre le cercle infernal de son autodestruction ; une vie nouvelle commençait pour elle. Au lieu de s'arrêter sur les aspects négatifs de sa vie, elle regarda sa vie sous un autre angle et en vit les côtés positifs.

L'ange gardien peut défendre et protéger la vie des hommes de multiples façons. Souvent, il se sert de nos rêves pour nous suggérer des pensées nouvelles et orienter notre conscient dans une direction positive. Il peut aussi intervenir dans notre vie par la médiation d'autres personnes. (Nous y reviendrons plus loin à propos des cartes d'anges.) Un type de manifestation particulièrement mystérieux, étonnant, est celui où il inspire à un enfant un message pour ses proches, ou bien quand un enfant rêve que sa mère veut se suicider, qu'il se réveille et se précipite vers elle pour l'en empêcher. Dans un de ses livres, Jung raconte (1) :

« Dans ma collection de rêves d'enfants, figure le cas d'un enfant entre 3 et 4 ans qui rêve que deux anges viennent à lui, ramassent quelque chose par terre qu'ils emportent avec eux au ciel. Dans cette même nuit, un petit cousin de cet enfant mourut. Un autre enfant rêve que sa mère veut se suicider. Il court en criant dans la chambre de la mère et la trouve en train de se donner la mort. »

---

1. C. G. Jung : *Seminare – Kinderträume* (Séminaires : rêves d'enfants) (Walter, 1987).

Jung commente ensuite ces prémonitions étonnantes : « Ainsi des fait psychiques importants peuvent être perçus. Même des dispositions d'esprit, des secrets peuvent être subodorés. On ne sait absolument pas comment l'inconscient s'y prend pour les capter. »

Jung, en tant que scientifique, se pose ici des questions sur les circonstances de ces phénomènes de prémonition. Mais celui qui a l'expérience de l'ange gardien sait que ceux-ci naissent en certains moments critiques de la vie.

Après ces exemples chargés de sens, certains pourraient s'interroger sur l'existence en eux-mêmes d'un ange gardien. Il ne s'agit pas de répondre par un simple oui ou non. Chacun doit s'interroger et examiner son vécu personnel. Pour ma part, je suis convaincu de l'existence et de l'action efficace en moi d'un ange gardien. De même, je trouve justifiées ces légendes et ces imaginations d'après lesquelles chaque être humain se voit donné à sa naissance deux anges, un bon qui le protège et le conduit vers le bien, et un mauvais qui cherche, par la ruse, à l'écarter du droit chemin. C'est pourquoi, l'être humain est souvent partagé entre le bien et le mal, son bon ange et Satan.

Bien que le thème ne soit pas directement lié à notre propos, je voudrais, pour conclure, parler de la sainte icône comme image primordiale d'une spiritualité personnelle. Chez les orthodoxes grecs ou russes, comme chez les chrétiens orientaux, une foi vécue sans icône est impensable. L'icône est pour eux une compagne de tous les instants, une protectrice et une médiatrice. Dans cette perspective, nous pouvons rapprocher l'icône de l'ange gardien. Ecoutons ici le témoignage de Wladimir Lindenberg :

« L'icône m'est restée fidèle toute ma vie, et moi-même je lui suis demeuré fidèle. J'ai évidemment aussi porté une croix et des médailles de saints autour du cou. Dans mes voyages et dans toutes les affaires importantes de ma vie, une petite icône m'accompagnait. L'icône, aussi, était près de moi pendant mes études de médecine. Le jour de ma soutenance de thèse, j'ai glissé dans la poche de mon veston une icône en cuivre de la mère de Dieu. Je l'ai priée de m'assister, de me donner courage et quiétude, ainsi que l'inspiration, et de donner au jury le sens de l'équité. Je m'étais bien préparé pour cet examen, je connaissais à fond mon sujet et avais veillé à ma forme physique en prenant le repos nécessaire. En pénétrant dans la salle d'examen, je me suis confié à mon destin en lui demandant d'être clément... J'ai obtenu la mention très bien. En quittant la salle, j'ai aussitôt baisé mon icône avec grande gratitude (2). »

2. W. Lindenberg : *Die heilige Ikone* (La Sainte icône) (Urachhaus, 1987).

Beate Heinen : *L'Ange gardien*, 1984.
L'ange gardien connaît mon existence,
Et moi-même je sais qu'il est à mes côtés.

L'ange gardien donne de l'assurance

L'ANGE de Beate Heinen donne assurance et protection à la fillette qui marche toute seule au milieu de la rue. (La fillette porte une robe rouge.) Elle regarde droit devant elle. Ses yeux grand ouverts sont comme des fenêtres sombres d'où personne ne la regarde. La pleine lune l'enveloppe de sa lumière veloutée. Ses rayons ressemblent à un voile, presque à un voile translucide d'ange. Sa lumière remplit toute la rue et rien de sombre ou de menaçant ne paraît pouvoir atteindre l'enfant. La lumière est concentrée sur le milieu de la chaussée, comme pour guider ses pas. Pourtant, l'enfant est anxieuse, son pied hésite. Il paraît tâter le terrain avant de se poser. Le pas de Tobie, en comparaison, est bien plus assuré. C'est qu'il a conscience de l'ange à ses côtés, alors que cette enfant, n'a peut-être jamais entendu parler de son ange gardien. Combien de parents, d'éducateurs ou d'instituteurs présentent-ils aux enfants l'ange qui les précède, et les encouragent-ils à marcher dans ses traces ?

Mais regardons de plus près encore ce tableau, pour découvrir d'autres détails. La fillette tient fermement, énergiquement, son petit lapin. La rue est sans arbres ni fleurs ; seul le vert des façades évoque, bien que vaguement, la verte nature. Je me laisse porter par les impressions que ce tableau diffuse et pense à ce que je pourrais dire à cette enfant. Me viennent alors ces mots : « Dans la lumière veloutée de la lune, puisses-tu te sentir en sécurité ! » Peut-être pensez-vous comme moi qu'il convient de dire cela à un enfant seul, dans une telle situation.

L'artiste, remarquons-le, a peint dans ce tableau un paysage bien actuel. Combien d'enfants se trouvent en effet chaque jour dans les rues, seuls et sans abri ! Il est vrai qu'il y a chez nous de nombreuses maisons et des rues propres dans l'ensemble. Si peu de gens ont un cœur pour les enfants, ou pour les adultes et les personnes âgées solitaires. L'ange gardien est indispensable pour tout le monde. En conséquence, je suggérerai à tous, et à chacun individuellement, de réfléchir un peu à la signification de l'ange gardien qui, encore aujourd'hui peut chasser la solitude et la tristesse. La protection de l'individu par son ange est tout aussi importante que lesdits droits de l'homme. Tout comme nous défendons ceux-ci, nous devons défendre le droit de l'homme à une communauté sûre et à l'amour réciproque. Puissent ces quelques considérations vous rappeler l'immanquable présence des anges à vos côtés et, peut-être, aussi vous faire ressouvenir de l'ange gardien de votre enfance.

Pour illustrer l'effet thérapeutique de l'ange gardien, laissez-moi vous raconter maintenant une anecdote que je tiens d'une collègue. Celle-ci a eu à traiter une jeune fille de 14 ans qui, sans arrêt, manifestait un comportement autodestructeur en se grattant la peau jusqu'au sang. Les parents et le thérapeute se donnaient beaucoup de mal pour cette enfant, mais ses pulsions finissaient toujours par l'emporter sur sa bonne volonté. Et puis un beau jour, celle-ci déclara, toute fière : « Ça y est, je ne ressens plus le besoin de me gratter ! Mon ange gardien m'a aidée à me débarrasser de cette habitude ! »

Affirmation pour les enfants :

❒ Mon ange gardien m'aide à guérir et à faire le bien !

Affirmation pour les adultes :

❒ Je ne roulerai pas plus vite en voiture que mon ange gardien ne peut voler !

CHAPITRE XI

L'ange de la mort

L'AGONIE est liée à un champ énergétique très particulier, caractérisé par des expériences de mort et des apparitions de morts. C'est d'elle que nous allons parler dans ce chapitre.

Les énergies et les vibrations de la mort imminente sont souvent vues et perçues comme des apparitions lumineuses ou des figures de l'autre monde. Celles-ci sont ce qu'on appelle les anges de la mort ou, plus simplement, l'ange de la mort. Mon travail thérapeutique et mes recherches en psychologie des profondeurs m'en ont appris l'importance en quatre aspects ou fonctions. Nous parlerons d'abord de l'ange de la mort qui apparaît lors d'accidents graves ou d'opérations difficiles, ensuite de ses missions et messages dans les rêves pour la métamorphose personnelle – l'éternel processus du devenir à travers la mort. Le troisième aspect concerne l'espérance et le réconfort apportés par l'ange de la mort au cours des derniers instants de l'agonie. Enfin, le dernier aspect porte sur les apparitions de morts, le message qu'ils nous délivrent. Quelques réflexions d'ordre thérapeutique concluront le chapitre.

Il y a une quinzaine d'années, après un exposé sur les rêves, un septuagénaire me demanda mon avis sur un rêve étonnant qu'il avait fait. Après une très délicate opération du cœur, alors qu'il revenait doucement à lui, il vit une figure lumineuse. Celle-ci se tenait à son chevet, et lui transmettait ce message et ce sentiment : « Tu vivras ! Tu te rétabliras ! » Cette apparition, et surtout la voix positive qui lui était associée, mobilisa d'une façon si étonnante ses forces qu'il guérit extraordinairement vite. Le rêveur attribua le prodige à cette figure qui était apparue à son chevet. L'expérience remontait à vingt-cinq ans environ, mais cet homme y pensait encore souvent. Il ne s'était jamais intéressé aux contes et aux rêves, et depuis vingt ans il cherchait la signification de cet événement inoubliable. Je lui conseillai de lire le conte de Grimm : *Marraine la mort.* Ce conte dit en effet qu'une apparition lumineuse à la tête du lit annonce la guérison alors qu'une apparition au pied du lit annonce le grand départ. Depuis, j'ai travaillé sur ce conte et j'en ai donné une explication (1).

Dans ce conte, la mort dit au médecin, son filleul : « Quand tu seras appelé près d'un malade, toujours je t'apparaîtrai : si je me tiens à la tête du lit, tu pourras prédire son rétablissement et lui donner de cette herbe qui le guérira ; mais si tu me vois au pied du lit, le malade est pour moi et aucun médecin, aucun remède au monde ne pourront plus le sauver. Garde-toi de donner de l'herbe contre ma volonté, car il t'en coûterait cher. »

L'ange figure ici l'intuition du médecin, son troisième œil en quelque sorte, grâce auquel il perçoit l'issue de la situation. Le conte se termine sur la mort du médecin. Ayant transgressé la volonté de la mort, il s'est condamné lui-même. La même chose faillit m'arriver en 1984. Il s'en fallut de l'épaisseur d'un cheveu que je perdisse la vie dans une avalanche. Je m'étais rendu dans les Alpes suisses, près de Grindelwald, en emportant plusieurs livres, notamment les *Contes* de Grimm, pour travailler à l'exégèse de ce conte spécifique sous l'éclai-

1. *Der Gevatter Tod. Ein Pate fürs Leben. Tiefenpsychologische Deutung des Märchens* (Marraine la mort. Une marraine pour la vie. Signification du conte selon la psychologie des profondeurs) (Kreuz, 1991).

rage de la psychologie des profondeurs. La montagne me semblait offrir les meilleures conditions pour écrire. Chaque jour, j'empruntais un chemin de fer pour monter jusqu'à un petit promontoire, et chaque fois j'éprouvais un serrement de cœur bizarre, une angoisse diffuse et étrange. J'attribuais celle-ci aux mauvais souvenirs qu'avait laissé en moi l'exode de 1945 et qui, pensais-je, se trouvaient ravivés avec mon travail. Mais mon angoisse persistait, en dépit de cette explication. Quelque chose était dans l'air, que je n'arrivais pas à identifier. Un jour, je faillis même prendre la décision de descendre du train à l'arrêt suivant et de changer mon programme du jour. Je résolus finalement de poursuivre, comme les autres jours, jusqu'à la Jungfrau et, à cet instant précis, le train entra dans un tunnel. Quelques secondes venaient à peine de s'écouler quand une violente secousse se fit sentir. Et le train s'immobilisa. Nous sortîmes du tunnel à pied et marchâmes jusqu'à Scheiddeg. Là nous vîmes des hélicoptères de la police et apprîmes qu'une avalanche avait balayé du terrain juste avant le tunnel. A quelques instants près, elle nous aurait tous ensevelis ! Le choc que me causa la proximité de l'ange de la mort m'incita à écrire un commentaire à *Marraine la mort* et la gratitude me fit prendre la résolution d'écrire un livre sur la mort et le deuil à partir des rêves, nombreux, que j'avais recueillis (2). C'est aussi de là que date mon intérêt pour les expériences de mort imminente. J'ai lu les livres d'Elisabeth Kübler-Ross, de Moody (3) et d'autres.

Moody, qui a répertorié des exemples saisissants, observe différentes catégories d'expériences :

– Expériences de personnes déclarées cliniquement mortes par des médecins et réanimées ensuite.

– Personnes ayant approché la mort de près pour cause d'accident ou de maladie.

2. H. Hark : *Träume vom Tod. Trauerarbeit und seelische Wandlung* (Rêves de mort. Travail de deuil et transformation de l'âme) (Kreuz, 1987).

3. R. Moody : *La Vie après la mort* (Robert Laffont) – E. Kübler-Ross : *L'Arrivée de la mort* (1976) et *Interviews d'agonisants* (1973).

– Témoignages de personnes ayant entendu parler d'expériences de mourants.

Moody a rassemblé cent cinquante cas d'apparition d'êtres lumineux :

« Tous les témoignages que j'ai analysés comportent un même élément frappant : la manifestation d'une lumière qui produit un effet profond. Généralement, elle est d'abord faible, puis elle augmente en intensité jusqu'à devenir une force lumineuse surnaturelle. Malgré sa luminosité indescriptible (on parle généralement de claire lumière ou de lumière blanche), elle n'éblouit pas. De nombreux témoins mettent d'ailleurs l'accent là-dessus. Et non seulement elle n'éblouit pas, mais elle permet, en plus, de voir toutes choses autour de soi (peut-être est-ce parce qu'on ne la voit pas avec les "yeux" physiques qui, eux, peuvent être éblouis). Quant à la nature de cette lumière et de sa forme inhabituelle, tous les témoignages concordent sans ambiguïté : il s'agit d'un être vivant, un être de lumière, qui a une personnalité qui lui est propre, des caractéristiques évidentes. Il émane de lui un amour et une chaleur indescriptibles qui enveloppent le mourant. Celui-ci se sent en harmonie totale et en sûreté absolue en sa présence. Il éprouve l'effet bienfaisant d'un rayonnement qui le porte, semblable à une force d'attraction magnétique. Il est irrésistiblement attiré par cette force. »

Moody poursuit en remarquant que cet être de lumière – que j'appelle, moi, l'ange de la mort – est décrit selon les convictions religieuses du mourant, et les images transmises par son milieu familial. Ainsi, les chrétiens l'identifient au Christ et les juifs voient en lui un ange.

Nous en arrivons maintenant au second aspect de l'ange de la mort : l'analyse des questions en rapport avec l'agonie et la mort, et notamment avec le symbolisme de la mort dans les rêves. Pour cela, je reproduis un passage d'un de mes livres (4) où je relate une expérience que j'ai faite :

« Je reçois l'ordre de me regarder comme mort. Deux inconnus m'accompagnent dans une pièce réservée à des malades ou des mourants, où je dois être mis en bière. Je ralentis mon pas de plus en plus. Arrivé à la porte de la chambre mortuaire, je vois, contre le mur d'en face, un lit blanc recouvert d'un drap sous lequel je distingue la forme d'un corps. Je veux fuir, ce que je vois me faisant terriblement peur. Mais mes compagnons me retiennent et me forcent à approcher du lit. J'essaie de temporiser en avançant centimètre par centimètre. C'est comme si j'avais du plomb dans les jambes. Enfin, je me trouve face au corps. Je soulève le drap en tremblant, pour me regarder. Je me réveille alors dans une peur panique. J'avais vu le visage de ma propre mort ! »

Dans les deux inconnus qui m'escortaient, l'un à droite et l'autre à gauche, je vois soit des messagers de la mort ou des anges de la mort, soit mes propres compagnons personnels pour la mort. D'un côté, j'étais content de ne pas être seul et, de l'autre, j'étais totalement paniqué. Pour moi, ce rêve de mort est comme une borne sur le chemin de la métamorphose spirituelle, qui marque le milieu de la vie et annonce la reconnaissance de la seconde moitié de la vie. J'ai pu constater la présence de tels symboles dans les expériences oniriques de la mort et qu'ils traduisent une réalité profonde. Le choc éprouvé m'a permis d'accéder à une nouvelle identité, celle de l'identification avec la mort, comme le précisait l'ordre reçu dans le rêve. Une longue analyse de ce rêve me permit en outre de comprendre qu'il ne s'agissait pas d'une mort au premier degré, mais d'un modèle de vie. Il présageait la mort de ce qu'on nomme le vieil homme.

Ce rêve m'a permis de devenir plus attentif aux symboles et phénomènes similaires présents dans les rêves des autres,

4. H. Hark, *op. cit.*

Les archanges Raphaël et Gabriel transportant une âme.
(Détail d'un retable d'Equilor, environ 1200 ; Barcelone, musée des Beaux Arts de Catalogne.)

Affirmations :

❒ Seigneur ! Fasse que ton petit ange, à ma fin dernière, porte mon âme dans le sein d'Abraham.

❒ Dans la lumière éclatante de l'ange, je me sens protégé.

Affirmation pour les enfants qui meurent :

❒ Je monte au ciel avec mon ange gardien.

Les anges portent les âmes jusqu'au royaume spirituel

Sur le tableau d'un maître du tout début du XIIIe siècle, nous voyons les archanges Raphaël et Gabriel porter une âme séparée de son corps dans un drap. Le peintre illustre ainsi le récit biblique où l'âme de Lazare est portée par les anges dans le sein d'Abraham. De même que le sein, la matrice d'une mère est un lieu sûr pour la vie en gestation, de même le monde spirituel est un lieu sûr à l'issue de la vie terrestre. Dans ce tableau, le mort semble aller vers ce monde avec confiance, comme le montre l'ouverture de ses bras. L'image ne permet pas de savoir si l'âme ainsi transportée est celle d'un homme ou d'une femme. Il s'agit vraisemblablement d'un être qui a réunifié en soi-même le masculin et le féminin. Cet être humain total, androgyne, rappelle la parole de Jésus selon laquelle, dans la résurrection et la vie nouvelle, il n'y aura plus ni femmes ni hommes, mais uniquement des anges. Cette perspective consolera ceux et celles qui souffrent dans cette vie à cause de problèmes causés par le sexe. Quant aux autres, pour qui l'amour est synonyme de bonheur, ils s'interrogeront sur les joies et les plaisirs de l'âme dans la vie future. Il est dit que là-haut, les élus connaîtront la joie et le ravissement éternels. J'ai dit dans un autre chapitre que ce ravissement était lié aux vibrations érotiques de l'âme.

Selon mon expérience, le tableau ci-contre peut consoler malades et agonisants. Il serait souhaitable d'en suspendre une reproduction en couleur dans les chambres des malades ou des agonisants de manière à ce qu'ils puissent le fixer. Enfin, ce tableau peut aider toute personne qui désire mettre à profit les bons jours de sa vie pour préparer ses derniers instants.

notamment de mes patients. J'ai été étonné de voir que tant de gens prennent les rêves de mort à la lettre – ce qui les angoisse terriblement. Des séminaires spécialement consacrés à ce thème m'ont permis de lever les malentendus et de calmer les angoisses qu'ils provoquaient. Il me paraît important et utile de comprendre le langage imagé des rêves de mort et les symboles de mort et de renaissance pour en tirer un profit personnel.

La rencontre avec l'ange de la mort au moment de l'agonie est elle aussi riche de promesses. De nombreux textes et témoignages parlent de sa fonction et je ne peux malheureusement n'en citer que quelques-uns. J'ai approché ce thème pour la première fois en 1966, à l'occasion d'un prêche que je fis dans mon ancienne paroisse. Je commentais la parabole de l'homme riche et du pauvre Lazare (5).

De la fin de l'homme riche, le texte dit seulement qu'il a été enseveli. Son existence terrestre avait pris fin, et c'était pour lui la fin absolue. Il n'avait pas eu l'espoir de la vie éternelle, ignorant sans doute que l'âme était immortelle. Quant à Lazare, son âme fut portée par les anges dans le sein d'Abraham. Bien que, en trente ans, je n'aie pas personnellement eu un tel rêve, le symbolisme de l'ange de la mort n'a pas cessé de m'accompagner et il m'a profondément influencé. Le sein d'Abraham symbolise la sécurité et la confiance en Dieu et dans le monde spirituel.

Nombreux sont ceux qui, à l'approche de la mort, ne sentent pas la présence précieuse des anges mais ont des cauchemars terrifiants. C'est le cas de cet homme qui a subi l'ablation de son rein droit, et dont voici le témoignage (6) :

« Trois jours après l'opération, mon rein restant n'effectuait plus le travail nécessaire de compensation. Le poison était entré dans mon sang. Je perdis conscience. Le médecin dia-

5. Luc XVI, 19-31.

6. E. Wiesenhütter : *Blick nach drüben. Selbsterfahrungen im Sterben* (Vision de l'au-delà. Expérience d'une agonie) (Gütersloher, 1974).

gnostiqua une crise d'urémie, mais cela je ne devais l'apprendre que plus tard, au moment où je fus de nouveau conscient pour quelques secondes sous la douleur provoquée par une injection qu'on me faisait. Sinon j'étais tout à fait seul. Je voyais une steppe s'étendant à l'infini, de l'herbe sèche. Et le ciel était bas, couvert de nuages qui couraient à toute allure. Puis vinrent les derniers tertres, et avec eux des meutes de loups jaunes en rangs serrés. Ils arrivaient sur moi, vague après vague, en hurlant.

« Je grinçai des dents. Je pliai les genoux et mis les poings sur les hanches. Ne te laisse pas abattre, me dis-je. Les bêtes arrivaient, écumantes, montrant des crocs menaçants. Je fonçai sur elles, mains en avant, la peur au ventre. Mais je ne saisissais que le vide.

« Il y eut une première vague de loups, puis une deuxième, puis une troisième. Je pouvais voir leurs yeux jaunes pleins de hargne et entendre leurs hurlements. Je tendais chaque fois les bras, prêt à l'empoignade. Mais mes mains ne rencontraient jamais que le vide.

« Les loups passaient à ma gauche et à ma droite. Je les sentais me frôler, je voyais leurs gueules s'ouvrir pour me déchirer. Je combattais, encore et toujours, infatigablement.

« Au milieu de tout ce tumulte, ma raison analysait étrangement la situation. Mais voyons, disait-elle, ce ne sont que des hallucinations dues à la fièvre ! Ça passera !

« Puis tout à coup le calme se fit. J'avais compris. Les loups, à chacune de mes attaques, s'évanouissaient, ne laissant que du vide.

« Quelques jours plus tard, le médecin me dit : Pendant des heures et des heures, vous avez battu le vide avec vos mains. Cela faisait peine à voir. Et il ajouta : Vous avez bien failli y passer !

« J'avais été aux frontières de la mort ! Je ne sais pas si d'autres voient comme moi des loups jaunes quand ils sont à l'agonie, s'ils doivent eux aussi se battre contre des chimères.

Peut-être certains, voulant fuir, se retrouvent-ils parmi les loups ? Serait-ce donc cela la mort ?

« Je voulus alors être prêt intérieurement pour l'autre rive, et je me confessai et communiai. La mort, cela signifiait pour moi passer sur l'autre rive. J'espère que le jour où les loups jaunes reviendront, je serai prêt également. »

Les loups jaunes de ce récit impressionnant symbolisent le combat mené par le patient pour sa survie, contre le poison qui avait envahi son corps.

Jung rêva, lui aussi, de loups. C'était à la mort de sa mère (il se trouvait alors dans le Tessin). Voici son témoignage (7) :

« Au cours de la nuit précédente, je fis un rêve effrayant. Je me trouvais dans une sombre forêt touffue ; des blocs de rochers fantastiques et gigantesques gisaient parmi des arbres énormes, comme dans la forêt vierge. C'était un paysage héroïque, primitif. Tout à coup j'entendis un sifflement strident qui semblait se répercuter à travers l'univers. De peur mes genoux vacillèrent. Alors, dans les taillis, un craquement, et un monstrueux chien-loup à la gueule effrayante sortit en courant. A sa vue, mon sang se figea dans mes veines. Il me dépassa rapidement et, soudain, je compris : le Chasseur Sauvage lui a ordonné de lui apporter un être humain. Je me réveillai dans une mortelle frayeur et le matin suivant je reçus la nouvelle que ma mère était morte. »

Mes études sur les rêves prophétiques m'ont appris que les oiseaux noirs, les loups et d'autres animaux particulièrement menaçants peuvent annoncer la mort. De ce matériau, j'ai tiré dix observations (8). Il semble que les couches profondes de l'âme renferment comme des réserves d'images, des souvenirs de temps anciens, et que, à l'occasion d'événements importants, il en surgisse des symboles de mort qui se constellent et

7. C. G. Jung : *Ma Vie. Souvenirs, rêves et pensées.* Recueillis et publiés par Aniéla Jaffé (Gallimard, Folio).

8. H. Hark, *op. cit.*

viennent à notre conscience dans des rêves nocturnes ou diurnes.

Pour conclure sur le second aspect de l'ange de la mort, revenons encore une fois à l'exposé de Moody, que E. Kübler-Ross a résumé comme suit : « Ces patients ont tous eu l'impression de quitter leur enveloppe corporelle, ce qui leur a procuré un sentiment de paix et de complétude. La plupart ont vu apparaître une personne qui les aidait à aller vers un autre état d'être. La plupart ont rencontré des personnes proches déjà mortes, ou une figure religieuse qui avait joué dans leur vie un rôle important et dont la physionomie, naturellement, dépendait de leurs croyances (9). »

Le dernier aspect de l'ange de la mort concerne l'apparition de personnes décédées. Ces apparitions impressionnent et influencent grandement les personnes qui en font l'expérience. Les décédés apparaissent comme des êtres spirituels. Marie Louise von Franz, collaboratrice et élève de Jung, fit ce rêve trois semaines après le décès de son père (il était mort subitement pendant qu'elle était absente de la maison) :

« Il était à peu près dix heures du soir et tout était sombre. J'entendis sonner à la porte d'entrée et je sus que c'était mon père. J'ouvris et je le vis, une petite valise à la main. Je me rappelai le *Livre des morts tibétain* où il est dit que les gens qui meurent subitement doivent s'entendre dire souvent qu'ils sont morts. Mais je n'eus pas le temps de dire un mot, car mon père sourit et dit : "Je sais que je suis mort, mais j'ai tout de même encore le droit de vous rendre visite ?" Moi : "Naturellement. Entre", et j'ajoutai : "Comment vas-tu, que fais-tu, es-tu heureux ?" Il répondit : "Il faut que je réfléchisse à ce que vous, les

9. E. Kübler-Ross, dans l'avant-propos à R. Moody : *La Vie après la mort, op. cit.* Des expériences spirituelles analogues sont aussi présentées par S. et C. Groff : *Jenseits des Todes* (Au-delà de la mort) (Kösel, 1984).

vivants, entendez par heureux... Oui, selon vos normes, je suis heureux. Je me trouve à Vienne (sa ville natale qu'il avait aimée toute sa vie et pour laquelle il avait toujours éprouvé de la nostalgie) et j'étudie à l'académie de musique." Puis il entra dans la maison et monta les escaliers. Je voulus l'accompagner à la chambre à coucher de mes parents mais il fit un geste de refus et dit : "Non, je ne suis qu'un hôte" et il se dirigea vers la chambre d'amis. Il posa la valise sur la table et dit : "Il n'est bon ni pour les morts ni pour les vivants d'être trop longtemps ensemble. Va maintenant, et bonne nuit." D'un geste il me fit comprendre de ne pas l'embrasser, mais de m'en aller. De retour dans ma chambre, je pensai soudain que j'avais oublié d'éteindre le chauffage électrique et que cela pouvait provoquer un incendie. Puis je me réveillai, en sueur et dans un état d'exaltation (10). »

L'apparition donne à la rêveuse l'impression que son père est effectivement présent. Son état d'exaltation ainsi que l'image du chauffage électrique suggèrent l'intensité du rêve. Quant au rêve lui-même, il renferme un message très important dans cette phrase : « Il n'est bon ni pour les morts ni pour les vivants d'être trop longtemps ensemble ! » Marie-Louise von Franz n'établit pas le contact avec le mort au moyen de pratiques magiques, de séances de spiritisme ou de quelque autre technique d'invocation. On doit se contenter d'une apparition spontanée du mort, sans quoi on risque une dissociation de la conscience ou une perte de l'âme. Les morts ne savent pas qu'ils sont morts. C'est donc à nous de le leur apprendre, et de les encourager à trouver la paix dans l'au-delà. Nous, les vivants, sommes seuls à posséder un moi conscient qui permet de distinguer entre la vie ici-bas et la vie dans les mondes spirituels. Cette distinction et cette limitation sont de la plus haute importance pour notre santé psychique et notre intégrité. Ne pas

10. M.-L. von Franz : *Im Umkreis des Todes* (Dans le cercle de la mort) (Daimon, 1980).

les respecter, c'est s'exposer à la dissolution du moi, à la psychose.

Bien des cauchemars avec apparitions de morts provoquent des troubles du sommeil. Ils font peur et, ce qui est bien pire, ravissent l'énergie du rêveur, de sorte qu'il se sent fatigué, sans forces ou bien souffre de dépression par épuisement. Selon certaines croyances populaires, il y aurait des âmes qui, étant trop attachées à ce monde ou à des personnes en ce monde, sont incapables de le quitter ou de les quitter. Un accompagnement judicieux, une sorte de thérapie spirituelle appropriée, peut leur donner l'apaisement nécessaire et leur permettre ainsi de réintégrer la lumière éternelle. Ces âmes tourmentées, égarées peut-être, semblent retenues sur un plan de l'astral ou dans un entre-deux mondes. Notre tâche à nous, les vivants, qui sommes dotés d'un moi conscient, est de les délivrer de leurs liens et blocages. Le thérapeute peut soumettre les personnes souffrant de cauchemars causés par des âmes non délivrées encore à des séances d'imagination active ou de rêves dirigés. Elles peuvent ainsi exprimer les sentiments qui sont à l'origine de leur tourment. Il arrive parfois que des circonstances de décès aient provoqué des malentendus, voire de la rage, et que tout cela a été tu jusque-là. Souvent, il s'agit de morts brutales, qui n'ont pas permis de réconciliation préalable, ou qui ont laissé en suspens certaines choses qui étaient à régler. Le travail posthume de délivrance revêt donc une grande importance.

Pour ce travail, il faut demander la présence et l'aide de notre ange gardien, ou de notre compagnon spirituel. Pour ma part, je m'adresse à l'archange Raphaël (mon accompagnateur et superviseur thérapeutique). Je l'invoque, puis je fais un exercice de détente par la respiration. Ensuite, j'imagine qu'une lumière blanche inonde le patient et l'enveloppe d'un léger nuage blanc. Les conditions sont ainsi réunies qui permettent à l'âme égarée de parler par la bouche du patient. Parfois, celui-ci en est profondément ébranlé. De fortes émotions le secouent (il faut pour cela qu'il se sente dans une totale confiance). Plus tard, il informera cette âme de la mort de sa forme physique et l'incitera à aller dans la lumière pour s'y accomplir. Enfin, il prendra congé d'elle dans une sorte d'empathie intuitive, en l'accompagnant de bonnes pensées et de demandes d'intercession. Aux catholiques croyants, je conseille de faire célébrer une messe à son intention.

Cette thérapie spirituelle, très résumée, peut paraître étrange à certains. Qu'ils sachent qu'elle se pratique depuis de nombreux siècles. Les expériences de Swedenborg et de maîtres spirituels plus anciens encore sont là pour en témoigner.

Pour terminer, je voudrais vous donner quelques conseils qui vous aideront à travailler sur vos propres rêves de mort. L'expérience thérapeutique m'a montré que les périodes de crise les favorisent. Ce que, d'ailleurs, j'ai déjà précisé plus haut. Le rêveur peut se voir mort ou assister à son propre enterrement. En règle générale, de tels rêves symbolisent une métamorphose, l'éternel processus de l'évolution à travers la mort.

Réfléchir à ce symbolisme permet de faire l'économie d'angoisses inutiles. Le travail suivant pourrait vous être un soutien efficace. Imaginez-vous en train de me raconter vos pensées de mort ou vos rêves de mort. Après vous avoir écouté très attentivement, je vous poserais cette question : « Croyez-vous que votre rêve soit à associer à la mort de quelqu'un qui vous est proche ? »

Vous étant posé cette question et y ayant suffisamment réfléchi, vous pourriez découvrir que ces pensées ou ces rêves de mort sont liés à un deuil plus ou moins récent, et que c'est votre processus de deuil encore inachevé qui se nourrit de telles images.

La peur de tomber malade ou un conflit en rapport avec l'inéluctabilité de la mort peuvent également provoquer des rêves de mort. Mais quelle que soit la cause de tels rêves, qu'elle soit liée à une crise existentielle, comme celle du milieu de la vie, ou à des difficultés d'endormissement, il faut se rappeler que les images qui les caractérisent signifient qu'une tranche de vie est définitivement « morte » pour nous au sens profond. C'est ce que le metteur en scène de ces rêves veut nous faire comprendre et qu'il nous transmet par le biais de symboles se rapportant à la mort. J'espère que ce qui vient d'être dit vous sera de quelque aide pour vos propres rêves de mort.

Pour conclure ce chapitre, j'aimerais aborder la question de l'intuition de notre propre mort. Mon expérience m'a appris que, bien que l'âme soit dotée de prémonition dans ce domaine, elle n'est pas toujours fiable quand elle nous transmet un rêve de mort imminente. En cas de doute, je suggérerais aux personnes concernées d'aller consulter un thérapeute, un psychologue ou quelque autre personne ayant une formation sérieuse en matière de déchiffrement des rêves.

Mon image

Je vais rencontrer mon image
Et mon image
Vient à ma rencontre :
Elle me caresse
Et m'embrasse,
Comme si je revenais de prison.

Extrait de la liturgie funèbre des Mandéens.

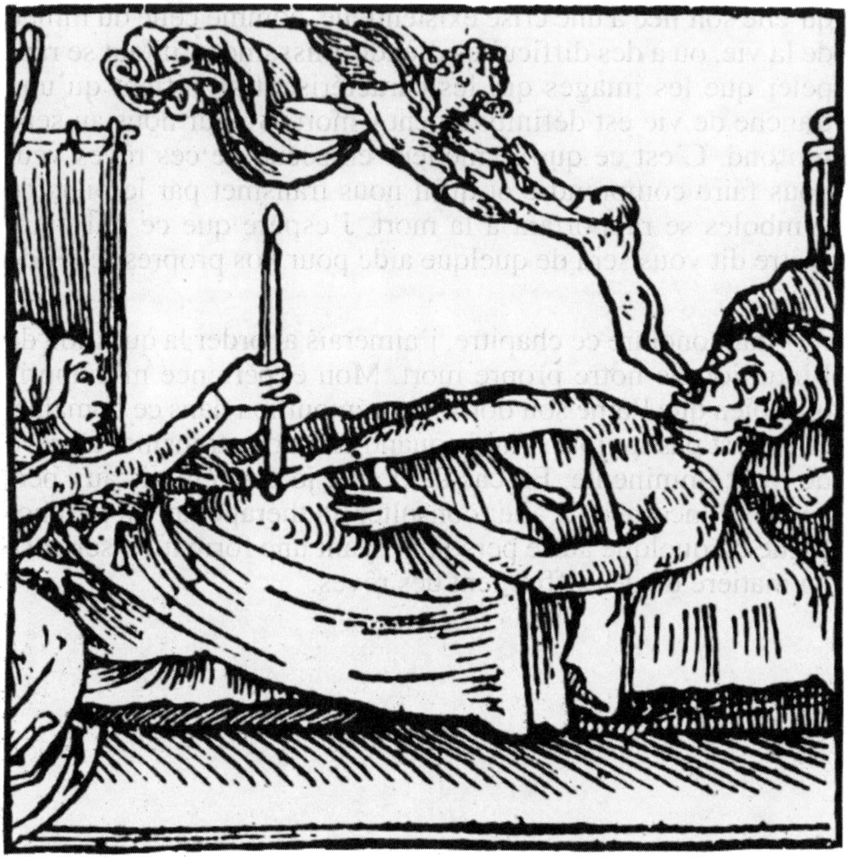

Un ange gardien recueillant une âme.
(Bois gravé de l'*Histoire du chevalier Mortilogus,* Augsbourg, 1508).

CHAPITRE XII

Cheminer plus étroitement avec les anges

Les suggestions suivantes sont destinées à tous ceux qui ressentent un profond désir de spiritualité et cherchent une nouvelle voie d'accès au monde spirituel. Il faut toujours se rappeler qu'on ne donne pas d'ordres aux anges, que ceux-ci sont d'ailleurs toujours prêts à nous aider. Il nous faut simplement apprendre à devenir réceptifs à leurs vibrations, signes et messages. Il faut savoir se brancher sur le monde des anges, apprendre à sortir ses antennes spirituelles et à ouvrir les canaux de son âme.

Cette ouverture est à mon avis possible si nous adoptons une attitude d'attention bienveillante à l'égard des anges.

L'apparition d'un ange, d'un compagnon ou maître spirituel, peut être favorisée, par exemple, par une musique adaptée ou des textes poétiques. Ces textes, il ne faudra pas seulement les lire attentivement, mais méditer dessus, s'en imprégner. Et il en va de même pour la musique. Pour ce qui me concerne, c'est un aria de la cantate n° 19 de Jean-Sébastien Bach, dédiée à saint Michel, que j'écoute pour me mettre en état de réceptivité :

Anges, vous, restez en ma compagnie
Pour me guider.
Soyez à ma droite et à ma gauche,
Que mon pied ne glisse pas.
Ici même, apprenez-moi vos saints cantiques
D'action de grâces au Très-Haut.
Anges, vous, restez en ma compagnie.

Mon ange, parfois, m'inspire aussi quand je lui prépare un chemin jusqu'à moi à l'aide de symboles ou d'allégories, ou de rêves. Si l'ange n'apparaît pas immédiatement à notre conscience, rappelons-nous qu'il peut aussi bien apparaître à notre droite et à notre gauche. Celui qui cherche à entrer en contact avec les anges, peut en guise de préparation, choisir un symbole spirituel et regarder celui-ci comme un pont qui le conduira peu à peu sur la rive du monde spirituel.

Pour entrer en contact avec les anges, il y a également la méditation ou l'imagination active selon Jung. Les textes qui figurent au dernier chapitre peuvent être utiles à cela. Pour commencer, il serait bon que vous choisissiez un endroit tranquille et prévoyiez de passer un certain temps à cet exercice. Puis vous vous détendez en pratiquant des expirations profondes. Vous voilà prêt pour donner votre attention bienveillante à l'ange. Grâce à la force d'imagination, vous le faites apparaître devant l'œil mental. Pour rendre encore plus vivante l'image de l'ange, vous pouvez vous aider d'une icône ou d'une photo de peinture d'ange qui vous parle tout particulièrement.

Les anges apparaissent aussi dans les rêves comportant des images archétypales. J'ai déjà donné quelques exemples plus avant dans ce livre. Si vous avez appris à interpréter les rêves, vous pouvez, le soir avant de vous endormir, vous souhaiter un rêve d'ange. L'imagination active peut vous aider à renforcer votre souhait. Vous entrez en méditation et posez la main droite sur l'hémisphère droit du cerveau, c'est-à-dire à l'endroit où se forment les rêves. Rudolf Steiner nous ayant appris que les anges participent au travail de « formation d'images » spirituelles, vous pourriez ensuite donner quelques minutes d'attention bienveillante à votre propre ange. Pour finir, vous posez la main droite sur la région du cœur, en sorte d'établir la liaison entre cerveau et cœur. La Bible, elle, nous dit que c'est dans le cœur que se forment les images et les symboles qui nous relient au monde de l'esprit, et notamment aux anges.

Bien des créateurs savent que leurs idées, notamment certaines inspirations significatives, leur viennent d'un bon esprit, ou d'un ange. Quelques-uns de mes amis m'ont dit devoir leurs idées ou inspirations à « l'ange scribe », ainsi que leur enthousiasme pour un thème précis. C'est là une expérience familière à bien des poètes. Ils doivent leurs œuvres à leur génie, ou bien à leur bon ange.

Un ange nous apparaît parfois aussi, comme ce fut le cas pour Rilke, en un moment où notre vie est devenue trop étroite. La littérature psychologique, qu'elle soit théorique ou pratique, évoque de plus en plus l'idée d'une possibilité d'accès à la spiritualité dans les périodes de crise existentielle. C'est là un lien qui m'apparaît important également. Pour certains, l'ange est un symbole particulièrement important d'une nouvelle spiritualité.

L'ange se manifeste ou agit de même dans les missions exceptionnelles. La légende de Tobie nous en donne un exemple (je l'ai déjà évoquée dans un chapitre précédent). Certains instructeurs spirituels de notre temps comme Friedrich Weinreb, parlent de rencontres d'anges dans une situation particulière de leur propre vie ou lorsqu'ils se sentent appelés à accomplir une tâche spirituelle précise.

Compte tenu de l'actuelle crise spirituelle dans le monde, les contacts avec les anges me paraissent vitaux, en raison de leurs effets thérapeutiques sur le corps et sur la psyché. Arrêtons-nous un instant sur ces enfants, adolescents et adultes qui, jour après jour, regardent la télévision pendant des heures entières.

Leurs cerveaux enregistrent des images atroces d'un côté, et ils se fatiguent de l'autre. Ce qui finit par provoquer de la nervosité, un manque de concentration et toutes sortes de troubles psychiques. L'esprit s'affaiblit et il se rétrécit. C'est le cas également dans le monde de l'industrie ou de la politique, et dans beaucoup de secteurs scientifiques. On se livre à des analyses efficaces, à des supputations savantes par ordinateurs interposés ; on veut tout ramener au rationnel et à la logique. Or, dans bien des domaines c'est un esprit novateur qui est nécessaire, une force d'imagination qui, à vrai dire, a sa source dans le monde des anges.

Qui veut cheminer avec les anges doit commencer à prendre conscience de leur présence effective. Et de tous les anges, c'est sans doute l'ange gardien qui touche le plus. Même ceux qui reconnaissent leur manque total de confiance en une quelconque puissance supérieure, qui ignorent totalement ce qu'est une vie approfondie par la spiritualité, s'écrient parfois après un accident qui a failli leur coûter la vie : « Heureusement il y avait mon ange gardien ! » Or nous ne devons pas seulement compter sur ce dernier dans les situations menaçantes, mais le considérer comme le frère jumeau de notre âme, lequel se manifeste de manière perceptible par des pressentiments ou la voix intérieure. Si nous le laissons agir et nous gouverner, bien des choses seront facilitées dans notre vie, et d'heureux hasards s'y produiront.

Les personnes dépressives ou suicidaires auraient avantage à répéter les affirmations suivantes pendant leurs méditations :

❒ Mon ange gardien me donne la force de résister à mes pensées suicidaires.

❒ L'ange illumine mes sombres pensées !

Les anges opèrent des guérisons psychiques, mais aussi psychosomatiques. A côté de l'ange gardien se tient l'ange de guérison, ou ange de salut, une source importante d'énergie spirituelle. Nous savons aujourd'hui que bien des maladies et troubles corporels ont une origine psychique. Ce qui nous blesse sans cesse nous rendra malade un jour ou l'autre. Le processus de guérison, notamment des causes résidant dans l'âme ou l'esprit, peut être mis en œuvre par les énergies spirituelles – l'ange de salut. A cet égard, vous pourriez contempler la gravure de Robert Fludd *la Citadelle de salut,* reproduite à la fin de ce chapitre, et lire avec attention le texte qui l'accompagne. Pour activer ces forces de guérison en vous-même, vous pourriez répéter plusieurs fois les affirmations suivantes et méditer dessus :

❒ L'ange transforme ma sécheresse de cœur en pensées bienveillantes et en sentiments de douceur !

❒ Mon ange active les forces d'autoguérison de mon âme !

Pour les artistes, les écrivains et les musiciens, les anges d'inspiration, les muses, sont très importants. Rappelons-nous le jeune Chagall qui a été initié par un ange-muse et qui, à travers lui est devenu le grand, le plus célèbre peintre d'anges de notre temps. Ce sont des expériences analogues qui ont permis de faire œuvre créatrice à Jung et à Rilke, l'un dans le domaine des symboles, l'autre dans le domaine du langage poétique.

Ce que ces créateurs exceptionnels ont pu réaliser, chacun peut le réaliser selon ses propres possibilités créatrices. L'une des nombreuses possibilités de création consiste à écrire sur un rêve particulièrement marquant. Tout amoureux, grâce à son ange, peut prendre la peine de traduire en mots les vibrations érotiques qu'il ressent en soi-même, pour témoigner de l'action en lui de l'ange-muse. Ces deux exemples montrent que chacun, suivant les circonstances, peut se laisser inspirer par son ange. Les affirmations suivantes, complétées par certaines autres figurant à la fin de ce livre, ont la vertu d'éveiller et de stimuler la création.

❒ L'ange m'éveille à la connaissance intérieure et à la sagesse de mon cœur !

❒ Grâce à l'inspiration de mon ange, les images vues en rêve la nuit deviennent des plans de vie pour les jours à venir !

Le visage de la mort est consolant pour quiconque fait le grand passage en compagnie d'un ange. C'est une idée que j'ai déjà développée au chapitre XI. Peut-être y a-t-il dans notre famille ou dans notre cercle d'amis une ou plusieurs personnes qui refusent l'idée de mourir, malgré leur grand âge ou la maladie fatale dont elles sont atteintes. Je sais, par expérience, que les personnes refusant de mourir ne se sont jamais préoccupées du monde futur ni des anges dans leur vie. D'où, chez elles, un grand sentiment de vide spirituel. Je souhaite, pour ma part, quitter cette vie-ci en compagnie d'anges. Aussi j'aimerais clore ce chapitre sur des paroles d'amour, celles du choral final de la *Passion selon saint Jean* de Bach. C'est elles que je souhaite personnellement entendre sur mon lit de mort :

Seigneur ! qu'à la fin dernière ton cher petit ange
emporte mon âme jusque dans le sein d'Abraham !
Que mon corps, dans sa chambrette, repose
sans éprouver ni peine ni tourment jusqu'au Jugement dernier !
Que ce jour venu, je m'éveille de la mort en te voyant,
plein d'allégresse, toi mon sauveur et mon trône de miséricorde !
Seigneur Jésus-Christ, entends-moi, entends-moi,
je veux te célébrer pour l'éternité !

Sainte Hildegarde de Bingen recevant les Révélations divines,
en présence de son chapelain.
(Miniature médiévale.)

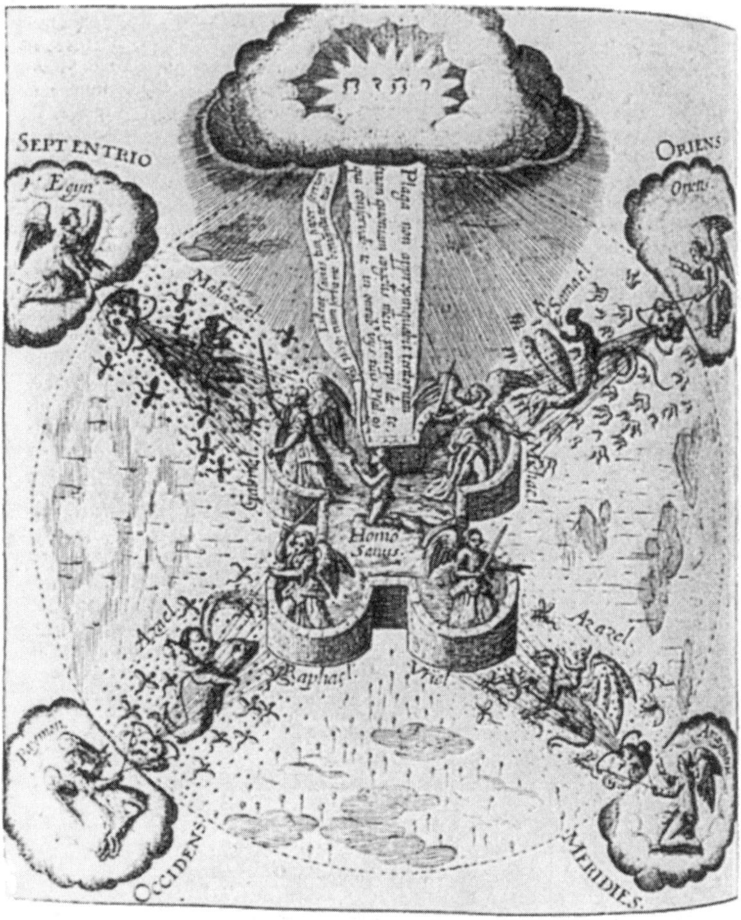

Le macrocosme a son mauvais côté, son jumeau méchant
sous forme d'une hiérarchie de forces hostiles à l'homme.
Contre les assauts de ces forces le microcosme humain
est défendu par des anges, figurés comme rayons
ou déploiement de la lumière divine.
La Citadelle de santé (page extraite de *Medecina Catholica,* 1629).

Les forces de guérison des anges au service de notre santé

Les anges n'ont pas seulement une signification spirituelle pour l'homme. Selon une opinion ancienne, ils lui apportent aussi santé et bien-être et le protègent contre les influences mauvaises, génératrices de maladies. Au Moyen Age, une époque où la croyance aux anges était très forte, cette idée était centrale. A la Renaissance également, comme l'indique *la Citadelle de santé* de Robert Fludd. En ces temps-là, bien des maladies inconnues étaient encore imputées à l'influence de forces néfastes ou de puissances démoniaques. Aujourd'hui, où la science médicale a fait énormément de progrès, les causes de la plupart des maladies nous sont connues. Et pourtant la psychologie des profondeurs, dans ses théories et sa pratique, attire à nouveau notre attention sur le fait qu'il n'y a pas que des causes physiologiques à la maladie, que bien souvent celle-ci est à relier à de mauvaises énergies psychiques et à des pensées négatives.

Sur l'image de Robert Fludd, les toutes petites bêtes ressemblant à des insectes représentent les excitations auxquelles est soumis le système nerveux. Dans les rêves également, les insectes représentent souvent l'agitation nerveuse et le stress. De tels images ou symboles signifient qu'il est temps de prendre du repos et de changer de mode de vie. Les grands animaux vus en rêve, comme le dauphin, le dragon ou le serpent ailé, renvoient souvent à des troubles psychosomatiques.

Le lien entre la guérison, ou salut, et la spiritualité est signifié par les deux versets des Psaumes contenus dans les phylactères :

« Fais luire ta face sur ton serviteur, sauve-moi. » (Psaume 31,17.)

« Aucun malheur ne t'arrivera, aucun fléau n'approchera de ta tente, car il ordonnera à ses anges de te garder dans toutes tes voies. » (Psaume 91, 10-11.)

Notre santé, notre salut, étant chose importante, nous avons besoin des anges comme guérisseurs spirituels et comme défenseurs. Selon mon interprétation de la psychologie des profondeurs, l'archange Raphaël réunit toutes les vertus pour soigner les névroses et les maladies psychosomatiques. Uriel, l'ange de la lumière, illumine les ténèbres en notre cœur, favorise notre conscience du devenir et, par là, nous guide vers une plus grande clarté et connaissance de soi. L'archange Michel nous assiste dans notre combat contre les angoisses et les agressions et, de plus, dans notre effort pour accéder à une spiritualité nouvelle et salutaire. Gabriel enfin, représente la force divine. C'est pourquoi il peut nous aider à avoir confiance en nous-mêmes et à renforcer nos points faibles. Peut-être estimez-vous avoir personnellement besoin de ces forces d'anges pour votre guérison, votre santé.

Affirmations :

❒ L'ange répand les énergies spirituelles et guérit mon âme !

❒ Grâce aux anges, je réapprends à m'aimer et à faire confiance à la vie !

CHAPITRE XIII

Quelques pratiques

Les mots d'anges

Je voudrais maintenant rapporter ce qui se fait à Findhorn avec de petites cartes d'anges. Dans la communauté de Findhorn (sur la côte orientale de l'Ecosse) on choisit chaque semaine un mot d'ange sur lequel chacun médite et dont tous discutent ensemble.

J'utilise moi-même ces cartes d'anges depuis de nombreuses années dans mes séminaires sur les rêves. A titre d'exemple, voici comment un mot peut devenir un message d'ange :

Je travaillais un jour à ce livre, quand une voix intérieure me dit que je devais y introduire un mot d'ange personnel. Je mis donc sur une table ma nappe de méditation, après quoi j'étalai avec soin les cartes d'anges, faces cachées. Puis je fermai les yeux un moment pour méditer et je demandai à mon ange de m'inspirer. Le mot que j'attendais devait définir une qualité caractérisant mon ange. Lorsque j'ouvris les yeux, mon regard tomba sur la carte située au milieu des autres cartes. En même temps j'éprouvais une certaine fascination pour la carte la plus proche de moi. Après quelques détours, j'en restai à la carte du milieu et je la retournai avec grande impatience.

Le mot était «enchanter». Il était entouré de quatre anges, vêtus respectivement de vert, de bleu, de rouge et de jaune, et qui dansaient autour d'un cierge allumé. L'image me donna de l'enchantement, un sentiment que je reliai à l'âme, à sa capacité d'émotion. Ces derniers temps j'avais justement constaté un appauvrissement de ma faculté d'émotion. Le mot «enchanter» portait ainsi mon attention sur une faculté que j'avais occultée et qui, à l'instant même, reprit vie. Mon regard ayant changé de direction, mes tracasseries professionnelles s'en trouvèrent amoindries. Je pus, en effet, les considérer sous une lumière autour de laquelle des anges dansaient avec enchantement. Les anges m'apprirent à me réjouir de nouveau de la lumière.

Sur la carte voisine, le mot d'ange se trouvait écrit en anglais, la langue d'origine du jeu. Ce mot était *delight.* Je consultai aussitôt mon dictionnaire afin de vérifier ses différentes significations. Celles qui me parlèrent tout spécialement étaient «joie» et «volupté». Au chapitre consacré à l'érotisme des anges, j'ai beaucoup insisté sur ce terme de volupté. Je repris alors ma méditation et l'idée me vint qu'un cierge, pour pouvoir brûler, devait d'abord être allumé. De cette idée naquit l'image de l'allumage et de l'enflammement qui constitue comme un pont menant à l'enchantement, et donc aussi à l'enthousiasme, à l'exaltation. Les anges, en fait, m'enthousiasment personnellement depuis toujours. L'enthousiasme nous touche à la fois dans l'esprit et dans l'âme. L'enchantement et la fascination sont pour moi reliés à l'activité de l'esprit vivant. Les anges étant des êtres d'esprit, ils imprègnent notre vie avec la force de l'esprit.

Je donnerai maintenant un deuxième exemple de tirage de carte : celui d'une femme d'âge mûr qui a tiré la carte «Reconnaissance». Ses impressions furent les suivantes : «Le fait d'être reconnaissant à un ange, ou d'avoir été incité à la reconnaissance par un ange, est déjà remarquable en soi. En réfléchissant, il me vient à l'esprit deux épisodes de ma vie où j'ai vécu l'intervention d'un ange avec un grand sentiment de reconnaissance. L'une de ces interventions eut lieu alors que j'étais enceinte de mon deuxième fils. Nous habitions en ce temps-là une petite maison sans étage. Un jour, un terrible orage éclata sur notre village, et la foudre tomba tout près. Prise d'une peur panique, je me précipitai vers la chambre à côté où dormait mon premier fils, qui avait alors un an. Il était sain et sauf. Je pris l'enfant dans mes bras et m'assis avec lui sur le lit. J'étais comme hébétée ! Nous étions l'un et l'autre en vie. Plus rien d'autre ne comptait. Lorsqu'un voisin vint me trouver, j'eus l'impression qu'il venait d'un autre monde. Il m'apprit que la foudre avait fendu l'arbre qui était tout près de notre maison et que celui-ci aurait bien pu s'écraser sur notre toit. Ces paroles me sortirent de ma torpeur et je me mis à pleurer. Du fond du cœur, je remerciai alors cet ange qui avait fait tomber l'arbre sur la route et qui ainsi avait épargné notre maison.

« L'autre intervention marquante d'un ange dans ma vie fut celle d'un ange sombre. Arrivée au milieu de ma vie, je fus lasse de faire du ménage. Mon désir était de commencer une vie nouvelle. Je voulais retourner à l'école pour parfaire mon instruction et prouver aux miens que je pouvais fort bien me passer d'eux. Je remplis un dossier d'inscription et l'on me convoqua pour un entretien. Mais voici que l'on me considéra trop vieille. Les études demandaient un esprit jeune, malléable, un esprit frais. Dans les heures qui suivirent, et particulièrement lorsque le jour fut tombé, je sentis mon monde s'effondrer sous mes pieds. Je sortis en courant, poursuivie par les mots que j'avais entendus : “trop vieille”, “inapte”, et avec l'impression d'une totale solitude.

« J'étais terriblement abattue, et cette phrase d'un poème qui me revint soudain en mémoire : “L'ange te barre le chemin et te dit sa désapprobation”, n'arrangea certes pas ma situation. Je me mis à pleurer. Je courais dans la rue, sans avoir de but, recroquevillée sur moi-même. Tout à coup, dans l'obscurité de la nuit, je sentis quelqu'un marcher à côté de moi, silencieusement, sans me poser de questions. Il avait glissé son bras sous le mien pour me soutenir. Nous marchâmes, marchâmes, sans échanger un seul mot. De retour à la maison, ma solitude ne me pesa plus. Un ange semblait me dire : "Mais, vois ! je suis avec toi." L'homme, l'ange, qui avait marché un certain temps avec moi dans les rues, je le savais, continuerait de m'accompagner.

« J'éprouve une profonde reconnaissance pour l'un et l'autre ange. Depuis ce jour, je sais qu'il y a l'ange de la lumière et l'ange des ténèbres. Et le poème de Rudolf Otto Wiener a pris pour moi un sens tout spécial » :

Les Anges

Ils ne sont pas toujours hommes pourvus d'ailes,
les anges.

Ils vont sans bruit, sans crier,
Souvent ils sont vieux, laids et petits,
les anges.

Ils ne portent pas l'épée, ne sont pas de blanc vêtus,
les anges.

Ce peut être quelqu'un qui te donne la main,
ou bien qui habite dans ta proximité,
juste de l'autre côté de la cloison,
l'ange.

A celui qui a faim, il porte du pain,
l'ange.

Au malade il fait son lit,
et il entend quand tu l'appelles la nuit,
l'ange.

Il te barre le chemin et dit : non,
L'ange.

Grands comme des pieux et solides comme des pierres.
Ils ne sont pas toujours des hommes pourvus d'ailes,
les anges.

Rudolf Otto Wiener.

Les anges-énergies et l'ange mandala

Les cinquante-deux forces d'anges dont j'ai parlé plus haut, peuvent aussi être disposées autour des quatre archanges : Michel (qui est semblable à Dieu), Gabriel (la force, ou force de génération, de Dieu), Raphaël (Dieu guérit) et Uriel, appelé aussi « Phanuel » (Dieu est lumière, ou Lumière de Dieu).

Si nous rapportons ces figures d'archanges à nous-mêmes, nous pouvons dire que Michel symbolise notre relation à Dieu, il est notre médiateur auprès de Dieu, Gabriel symbolise la force ou les énergies divines en nous, Raphaël les énergies spirituelles de guérison en nous, Uriel la vie divine en nous. Par référence à la psychologie des profondeurs, j'associerai ces quatre forces à des mots modernes : Michel à la spiritualité, Gabriel à la force vitale, Raphaël à la guérison et Uriel à la prise de conscience et à l'illumination.

Sous le règne protecteur de l'archange Michel, le mot spiritualité signifie l'effort fait pour se relier à Dieu (re-ligion). Mais l'archange Michel nous assiste aussi dans notre combat contre le mal et toute forme de destruction, contre les maladies et les névroses de l'âme. L'épée de Michel symbolise à mes yeux le combat spirituel de l'homme pour la connaissance et la clarté. Le fruit d'un tel combat est l'inspiration. La personne inspirée attribuant alors ses idées créatrices ou ses actes de création à l'action d'un ange.

Nous pouvons attribuer les cartes suivantes à l'archange Michel et, en le faisant, essayer de comprendre de façon vivante les énergies qui émanent de lui :

– Enthousiasme, obéissance, créativité, capacité, volonté de poursuivre nos buts ;
– Spontanéité, inspiration, humour, paix, pardon ;
– Responsabilité, foi, dévouement.

Suggestions pour la réflexion et la méditation :
Si certains mots du champ énergétique de l'archange Michel vous interpellent, vous pouvez les prendre pour thèmes de méditation, vous laisser inspirer par les attributs de l'archange Michel pour vous en faire une représentation personnelle.

Les mots constituant le champ énergétique de l'archange Gabriel sont les suivants :
– Force, puissance, attente, disponibilité, aventure ;
– Grâce, compréhension, joie, naissance ;
– Délicatesse, fraternité, enchantement, plénitude.

Je retrouve là le mot « enchantement ». Quant au mot « fraternité », je l'entends en son sens profond, que j'ai exposé en racontant mon rêve de l'ange-frère. Aujourd'hui, il conviendrait de remplacer ce mot par celui de « sororité ». Pour ce qui est du mot « délicatesse », j'en ai parlé au chapitre sur « l'Erotisme de l'ange » à propos du prophète Mahomet, lequel dit que l'ange l'a conduit délicatement et l'a embrassé avec délicatesse entre les yeux. La Bible, de son côté, nous apprend que l'ange Gabriel vint à Marie avec force et puissance pour lui annoncer la naissance du Sauveur.

Les mots qu'on associe à l'archange Uriel sont les suivants :
– Raison, honnêteté, confiance, lâcher-prise ;
– Ouverture, simplicité, formation, vérité ;
– Lumière, clarté, transformation, reconnaissance, liberté.

Si j'ai classé les mots d'anges chaque fois en trois groupes, c'est pour la raison suivante : la première ligne donne les mots permettant de saisir le champ énergétique particulier à chaque archange, les mots donc qui permettent d'entrer en contact avec lui. Ces mots nous rendent disponibles à l'ange concerné et nous font adopter l'état d'esprit approprié. Prenons un exemple : celui qui veut bénéficier de la lumière émanant de l'archange Uriel, en éclairer sa propre conscience, devra développer en lui la confiance et, avant toute chose, être honnête avec soi-même. Il s'agit de se libérer des anciennes représentations et des anciens modèles de vie, et de renouveler notre compréhension du monde spirituel et de notre propre vie.

Les mots de la deuxième ligne décrivent les prises de conscience intuitives que l'on peut réaliser au contact de l'archange concerné, ou bien la reconnaissance en soi-même des qualités qu'il exprime. L'expérience de lumière qui accompagne souvent la rencontre d'un ange a pour effet de nous éclairer sur une vérité profonde, laquelle demeurait jusque-là dans l'inconscient. Les anges ont le pouvoir de nous former, de nous édifier, de nous révéler notre véritable image.

Les mots de la troisième ligne indiquent le fruit d'un développement personnel plus poussé grâce à l'assistance de l'ange en question, ou bien une orientation à suivre. Dans le cas de l'archange Uriel, l'enjeu est une métamorphose de l'inconscient personnel et le passage des ténèbres à la clarté et à la vérité. Ce qui a pour conséquence une nouvelle liberté et une profonde reconnaissance.

Les mots que l'on peut associer à l'archange Raphaël sont les suivants :

– Patience, compassion, purification, amour, guérison ;
– Mobilité, courage, équilibre, jeu ;
– Intégrité, harmonie, beauté, synthèse.

Les mots d'anges peuvent eux aussi nous faire d'innombrables suggestions dans le sens de notre guérison et de notre complétude. De tels buts exigent évidemment de notre part beaucoup de patience. Quiconque a charge d'âmes, qu'il soit conseiller ou thérapeute, a besoin de beaucoup de compassion et d'amour pour accompagner ses patients sur le chemin de la guérison et de la complétude. Au début du processus de guérison, nous retrouvons un certain équilibre, ainsi qu'une mobilité et un sentiment de vie que la maladie ou la névrose nous avait ôtés. Certains pourraient se demander avec étonnement pourquoi j'ai introduit ici le mot de «courage». En fait, l'expérience m'a appris que le cheminement sur la voie de la guérison et de la complétude exigent énormément de courage. Je suis toujours affligé et je me pose des questions lorsqu'un patient, à un moment donné, paraît préférer retourner à ses vieux schémas névrotiques de vie plutôt que d'envisager avec courage de nouvelles possibilités de vie.

Les fruits de la guérison sont définis par les mots «intégrité» et «synthèse». Les tensions et les antagonismes qui nous donnent du fil à retordre, voire qui nous rendent malades physiquement, sont dépassés au cours du processus de guérison et nous découvrons une harmonie qui nous était inconnue jusqu'ici. C'est toujours avec une grande reconnaissance et avec étonnement que je vois des personnes embellir lorsqu'elles sont proches de la guérison et de la complétude. Les visages auparavant défigurés par l'angoisse se mettent à rayonner de façon merveilleuse. La véritable guérison restaure la beauté du corps et de l'âme.

Pour conclure, je vous conseillerais de faire un travail personnel avec les cartes d'anges. Procurez-vous-les chez votre libraire (1). Chaque fois que vous vous trouverez devant une situation difficile, ou devant un problème, ou une interrogation, vous pourrez consulter les cartes d'anges, seul – ou dans le cadre d'un groupe ou d'une réunion familiale, si vous éprou-

1. *Le Jeu des anges* (jeu de 52 cartes en français), publié par Le Souffle d'Or, 05300 Barret-le-Bas (France).

vez le besoin d'un stimulus extérieur d'échanges par la parole pour susciter en vous des idées créatrices. Vous n'avez à vous imposer aucune limite dans les modalités de maniement des cartes d'anges.

A présent, j'aimerais vous présenter mon ange-mandala. Pour cela, j'ai disposé les cartes d'anges associées à l'archange Raphaël de telle sorte qu'elles forment un mandala.

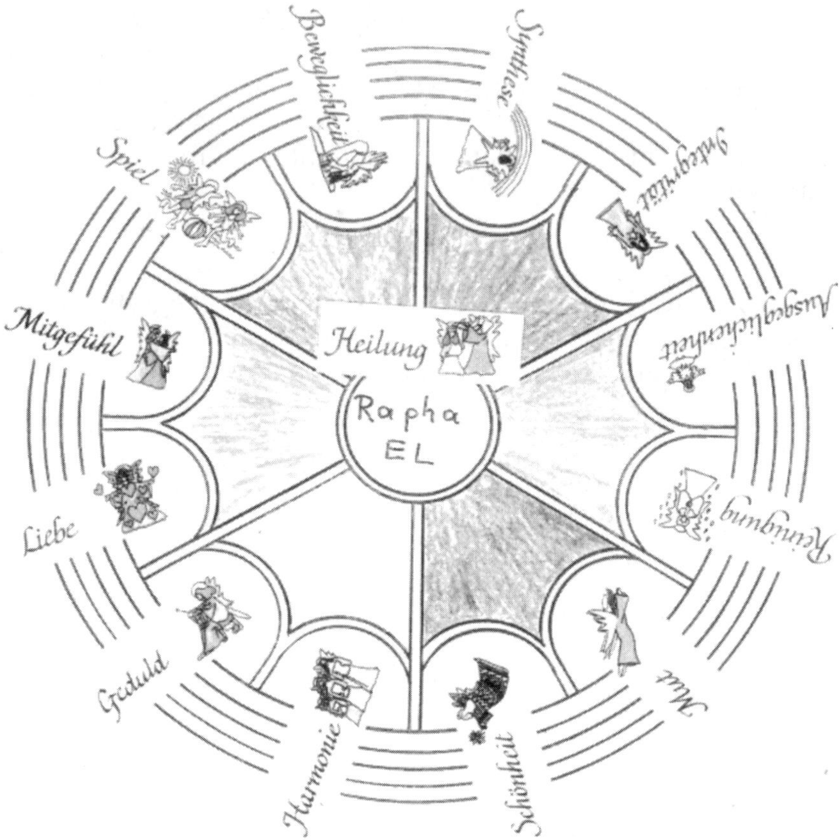

Mandala réalisé avec des cartes d'anges.

Les cartes ici figurées par l'auteur, étant en langue allemande, en voici les traductions :

Synthese : synthèse.
Ausgeglichenheit : équilibre.
Mut : courage.
Harmonie : harmonie.
Liebe : amour.
Spiel : jeu.
Heilung : guérison.
Intégrität : intégrité.
Reinigung : purification.
Schönheit : beauté.
Geduld : patience.
Mitgefühl : compassion.
Beweglichkeit : mobilité.

Mandala constitué de cartes d'anges

AUTOUR de l'archange Raphaël, j'ai disposé les cartes qui, selon moi, sont liées au thème de la guérison. Comme vous le savez, Raphaël est l'ange qui guérit. De lui émanent différentes vibrations de couleur, lesquelles sont reliées à douze mots. Je vous inviterai maintenant à observer ce mandala en cherchant à comprendre ce que chaque mot d'ange veut vous dire sur votre désir de complétude et de guérison.

Si cette approche vous plaît, vous pourriez construire un mandala avec les cartes spécifiques à un autre archange.

Quelques renseignements ou conseils :

Ces cartes d'anges ont été conçues par Joy Drake et Kathy Tayler pendant leur séjour à Findhorn, comme complément à un jeu (le jeu de la métamorphose) dont l'objet était l'investigation des possibilités de développement de la conscience. Chacune d'elles contient des définitions-clés qui vous aideront à mieux vous concentrer sur certains aspects du moi profond. Plus vous méditerez sur une carte, mieux vous comprendrez comment la qualité qu'elle représente agit dans votre vie, que ce soit la liberté, le courage, l'humour, etc.

Le nom de « cartes d'anges » est justifié, car chacune présente un aspect de notre force intérieure. Méditer sur ces cartes nous fait découvrir de nouvelles voies de force intérieure.

Vous pouvez tirer une carte en bien des circonstances différentes, par exemple chaque fois vous vous trouverez devant une nouvelle étape dans votre vie, ou concevrez un nouveau projet, ou envisagerez une mission particulière, et ainsi découvrir une orientation pour un temps plus ou moins long. Plus votre but – votre orientation – est précis et concret, plus votre choix de cartes sera efficace.

CHAPITRE XIV

Affirmations et mots d'anges

Si, dans une situation particulière, vous avez besoin d'une affirmation encourageante pour vous-même, ou d'une pensée-guide pour des enfants que vous accompagnez dans leur vie en tant que parents ou enseignants, vous pourrez vous inspirer d'une ou plusieurs affirmations de la liste que j'ai élaborée. J'espère que chacun de vous trouvera ainsi une phrase qui peut l'aider. Lorsque l'une ou l'autre affirmation vous parle tout particulièrement, accordez-vous un peu de temps pour la méditation. Répétez-la quatre fois au moins en sorte que son message puisse vous pénétrer profondément. Mais il vous faudra faire preuve d'un peu de patience et ne pas vous attendre à ce qu'une seule tentative suffise pour porter des fruits.

Je dois un certain nombre de ces affirmations à mes patients ou clients, et à d'autres personnes avec lesquelles j'ai eu, ces dernières années, des conversations ayant pour objet les anges. Je souhaite que l'une ou l'autre affirmation vous devienne comme un message envoyé par les anges, un message qui soit capable de vous consoler et de donner du sens là où votre vie en manque.

1. Affirmations pour adultes

❒ J'aspire à une vie pleine et à une âme qui soit ronde et belle.

❒ Mon enthousiasme et ma spiritualité éveillent en moi des sentiments délicats pour les hommes et pour les choses.

❒ Dans le visage de l'ange, je reconnais ma propre image.

❒ D'être en harmonie avec mon ange me rend heureux.

❒ J'inspire la beauté de l'ange et j'expire sa délicatesse.

❒ Je m'ouvre à la spiritualité divine.

❒ Mon ange renforce ma joie de vivre.

❒ Ordonne à tes anges de me protéger dans toutes mes voies.

❒ Je veux voir mon prochain avec les yeux de l'ange.

❒ Je dirige mes pensées et mes pas vers les anges en souhaitant d'en rencontrer un.

❒ Mon ange gardien me donne la force de résister à mes pensées suicidaires.

❒ Je ne roulerai pas plus vite en voiture que mon ange ne peut voler.

❒ L'ange me donne la permission d'agir de façon nouvelle.

❒ Dans le champ énergétique de l'ange, je respire avec calme.

❒ Avec l'aide de l'ange, je trouve la paix, en moi-même et dans ma vie.

❒ L'ange chasse mes pensées de violence.

❒ L'ange transforme ma dureté de cœur en pensées de bienveillance.

❒ Je dormirai bien parce que l'ange me couvre de ses ailes.

❒ L'ange éveille et libère mon potentiel créatif.

❒ L'ange illumine mes sombres pensées.

❒ Grâce à mon ange, j'ai de nouveau confiance en la vie.

❒ L'ange me rappelle mon origine divine.

❒ Grâce à mon ange, je sais que je suis précieux.

❒ L'ange renforce ma valeur personnelle.

❒ Mon ange me réapprend à aimer.

❒ Mon ange me guide vers mon centre.

2. Mots d'anges pour adultes

❒ Quand mon ange est près de moi, je fais mieux face à bien des situations.

❒ Mon ange m'inspire et m'apporte des idées nouvelles.

❒ Avec mon ange, je franchis les limites étroites de ma vie.

❒ Quand mon ange est derrière moi, j'ai le dos libre.

❒ Mon ange me donne la liberté de décision.

❒ Mon ange me rend digne d'être aimé.

❒ Mon ange active les forces de guérison de mon âme.

❒ Dans la proximité de mon ange, je me rapproche de moi-même.

❒ Quand je vais avec l'ange, je vais bien.

❒ Grâce à l'inspiration de mon ange, les images vues en rêve une nuit deviennent des plans de vie pour les jours à venir !

❒ Mon ange me guide vers les sources de santé dans mon âme.

❒ Avec mon ange, je romps les chaînes et saute par-dessus les murs.

❒ A travers mon ange, je sens les vibrations cosmiques.

❒ Mon ange éveille en moi la connaissance.

❒ Mon ange m'éveille à la délicatesse de sentiment.

❒ L'ange me conduit à la sagesse du cœur.

3. Affirmations et mots d'anges pour les enfants

❒ Mon bon ange, accompagne-moi, s'il te plaît ! Protège-moi !

❒ Ange, sois mon bon esprit !

❒ Avec mon ange, tout ira bien !

❒ Mes anges sont mes frères et sœurs dans le ciel.

❒ Avec mon ange, je vis des prodiges.

❒ Avec mon ange, je travaille bien.

❒ Mon ange me donne du courage.

❒ Mon ange est mon rayon de soleil.

❒ Avec mon ange, je ne suis jamais seul.

❒ Avec mon ange, je me sens fort.

❒ Avec mon ange, je me dépasse parfois.

❒ L'ange me vaut bien des bonnes choses.

❒ Seigneur, ordonne à tes anges de me protéger dans toutes mes voies !

❒ Quand personne ne me comprend, je parle avec mon ange.

CHAPITRE XV

Invocations, prières et méditations

Conseils pour la lecture des textes

Les textes qui suivent ont été conçus pour servir de support à la méditation ou aux contacts avec les anges. Il s'agit de textes de poètes, ou de textes extraits de livres de littérature religieuse ou spirituelle. Je me suis longtemps demandé si je devais les répartir entre les différents chapitres ou les rassembler tous à la fin de ce livre. J'ai finalement opté pour cette deuxième présentation, car elle permet au lecteur de les consulter plus facilement. Chaque fois que vous voudrez faire un travail sur ces textes, je vous conseillerais de choisir celui qui vous interpelle le plus d'emblée. Sans doute connaissez-vous déjà quelques-uns de ces textes.

Parfois quelqu'un me dit avoir déjà rencontré la matière d'un de ces textes sous forme de symbole dans un rêve. Les sources de beaux mots d'anges sont multiples, ils peuvent naître dans l'imagination créatrice d'un poète, ou dans l'imagination de tout un chacun à la faveur d'un rêve. Quelle qu'en soit la source, il me paraît nécessaire qu'en les méditant on se laisse porter par les émotions que suscitent les mots, pour avoir ensuite le courage de cheminer un peu avec les anges. Je vous souhaite, quant à moi, des impressions stimulantes et peut-être aussi quelque expérience spirituelle.

Je prendrai maintenant congé de vous en espérant que les expériences relatées de rencontres d'anges, ainsi que les éclaircissements que j'ai donnés sur ces compagnons spirituels du point de vue de la psychologie, vous permettent de voir maintenant les anges sous une lumière nouvelle. Puisse votre ange gardien vous précéder et vous protéger dans les heures sombres. Dans l'abattement ou dans la maladie, invoquez l'archange Raphaël afin qu'il vous rende fort. Que dans les conflits de travail ou dans les discussions violentes, l'archange Michel soit à votre droite avec l'épée. Quand vous avez besoin de mieux comprendre les messages du cœur, ou d'entendre votre voix intérieure, que l'archange Gabriel se tienne à votre gauche. De cette façon-là, vous aurez un compagnon spirituel pour vous orienter en chaque direction cardinale. Pour ma part, je vous encouragerai, en toute situation sortant de l'ordinaire, à porter vos pas vers les anges et à faire un bout de chemin avec eux !

Pour terminer, j'aurai encore à dire ceci : si vous avez certaines critiques à me faire ou bien des suggestions pour améliorer ou compléter certains passages de mon livre, vous pouvez m'écrire à l'adresse ci-dessous. Et puis, je serais intéressé de vous lire sur vos propres expériences avec les anges.

Helmut Hark
c/o Kösel Verlag
Flüggenstraße 2
D-80639 München (Allemagne fédérale)

Morceaux choisis

Des forces bienfaisantes

Des forces bienfaisantes m'entourent, fidèles et tranquilles,
Elles me protègent et me consolent merveilleusement.
Avec vous je veux vivre ces jours,
Avec vous je veux entrer dans l'année nouvelle.

L'ancien veut encore tourmenter nos cœurs,
Et les mauvais jours nous imposer leur lourd fardeau,
Ah ! Seigneur, accorde à nos âmes bien tourmentées
Le salut que Tu nous destines.

Mais si Tu nous présentes à boire le lourd et amer calice
De la souffrance, même rempli à ras bord,
Nous le prendrons sans trembler, avec reconnaissance,
De Ta main si bonne que nous aimons.

Et si Tu voulais une fois encore nous donner de la joie,
Celle du monde et de l'éclat de son soleil,
Alors nous réfléchirons au passé,
Afin que notre vie t'appartienne tout entière.

Que les cierges brûlent aujourd'hui en silence,
Ceux que Tu nous a apportés jusque dans nos ténèbres,
Et, si possible, que nous soyons tous réunis à nouveau.
Ta lumière, nous le savons, luit au milieu de la nuit.

Quand le silence profond se répand autour de nous,
Fais-nous pleinement entendre cette clameur s'élevant
Du monde, et qui imperceptiblement se propage –
Le chant de louange de tous Tes enfants.

Des forces bienveillantes si bien cachées,
Nous attendons, consolés, ce qui voudra advenir.
Dieu est avec nous soir et matin,
Et, cela est sûr, en chaque jour nouveau.

Décembre 1944, Dietrich Bonhoeffer.

Sauve la terre, Raphaël

Sauve la terre,
Abîmée par les forces mauvaises ;
Annonce à la terre son salut,
Que ses souffrances seront détournées.

Hénoch 6.

Raphaël, guéris-moi !

Raphaël, mon ange et ami,
guéris mon âme !
Fais que je ne faillisse point
Là où je dois intervenir et soigner.

Raphaël, mon ange et ami,
conduis-moi à la rivière !
Quand en rêve se montre le poisson,
qu'il ne m'échappe pas !

Raphaël, l'ami de mon âme
ouvre mes yeux aveugles
qui si souvent manquent
de voir, ce qui se montre
pour ma guérison et pour ma joie.

Helmut Hark.

Anges, vous, restez en ma compagnie
Pour me guider.
Soyez à ma droite et à ma gauche,
Que mon pied ne glisse pas.
Ici même, apprenez-moi vos saints cantiques
D'action de grâces au Très-Haut.
Anges, vous, restez en ma compagnie.

Jean-Sébastien Bach :
Cantate n° 19 pour la fête de saint Michel.

Aux anges

Ô anges, vous qui gardez les peuples
Dont la beauté resplendit sur votre visage,
Et vous, ô Archanges, qui accueillez l'âme des justes
Et vous, Forces, Puissances,
Principats, Règnes et Trônes
Qui êtes entré en compte dans le secret du nombre cinq,
Et vous, ô Chérubin et Séraphin,
Sceau des secrets de Dieu,
Louange à vous, qui contemplez à sa source
La place du cœur éternel.

Hildegarde de Bingen *(Louanges)*
(Orphée, La Différence).

Prière d'un ange

Force créatrice, lumière ruisselante,
source intarissable de consolation.
Dieu éternel, Père tout-puissant.
Dans le royaume
de ta gloire
je suis en sécurité, en sécurité en toi.
Force créatrice, lumière ruisselante,
source intarissable d'espérance,
Dieu éternel, Père tout-puissant,
ton amour divin
inonde mon être
dans le royaume de ta gloire.
Mon aspiration pour toi
est lumière en moi,
salut et joie,
grâce et espérance.

Elle est foi et vie.
La miséricorde intense

éclaire mon être.
Mon être en toi
est lumière éternelle,
l'espérance immanquablement
inonde mon être,
elle croît
dans ton éternité.

Silvia Wallimann.

Ô Seigneur, donne à chacun sa propre mort,
la mort issue de cette vie
où il trouva l'amour, un sens et la détresse.

Car nous ne sommes que l'écorce et que la feuille.
La grande porte que tout homme en soi porte,
tel est le fruit autour duquel gravite tout.

Car voilà qui nous rend étrangère et ardue cette mort :
qu'elle ne soit pas nôtre ; cette mort qui nous prend enfin
parce que nulle en nous ne mûrit ;
c'est pourquoi souffle un ouragan qui nous dépouillera.

Rainer Maria Rilke : *Le Livre d'heures*
(traduit par Jacques Legrand) (Le Seuil).

Conduis-moi, douce lumière, dans les ténèbres qui m'entourent,
conduis-moi vers le haut !
La nuit est épaisse et je suis loin de chez moi :
conduis-moi vers le haut !
Dirige mes pas, car je n'y vois rien ;
que je voie seulement à chaque pas.

Jadis j'étais bien loin de t'en prier.
Je voulais moi-même choisir mon chemin,
croyant pouvoir le déterminer

à ma propre lumière, malgré le précipice.
Avec fierté, j'élaborais mes buts.
Mais maintenant, oublions tout cela.

Tu me protèges depuis si longtemps, que tu accepteras bien
de me conduire encore : au-delà des marécages,
des rivières et des écueils qui me guettent,
jusqu'à la fin de la nuit,
jusqu'à l'aurore où des anges me feront signe.
Ah ! je les aime depuis longtemps,
un peu de temps seulement je les ai oubliés.

Cardinal John Henry Newman.

[…]
Voici, un ange nu enfonça la porte :

Vers le sens enfoui il se dirigea –
Riches fleurs et non des moindres.
Ses doigts étaient comme des fleurs d'amandiers,
Et des roses, des roses, entouraient son menton.

Il ne portait nulle couronne,
Et sa voix ressemblait tant à la mienne :
La belle vie m'envoie à toi,
Je suis son messager : il parlait ainsi en souriant.

Quand tombèrent lis et mimosas –
Et comme je me penchais pour les prendre,
Lui-même se mit à genoux.
Heureux, je plongeai mon visage
Dans les roses toutes fraîches.

Stefan George.

Soupçon de Joseph

Et l'Ange parla comme il pouvait
à l'homme qui serrait les poings :
Ne lis-tu donc sur chacun de ses traits
qu'elle est fraîche comme le matin de Dieu ?

Mais l'autre regardait d'un œil sombre
et murmurait seulement : Qu'est-ce qui l'a changée ainsi ?
Alors l'ange s'écria : Charpentier,
ne reconnais-tu pas encore l'œuvre du Seigneur Dieu ?

Parce que tu travailles les planches, voudrais-tu
dans ton orgueil forcer à la parole
Celui qui du même bois, secrètement,
fait croître les feuilles et gonfler les bourgeons ?

Il comprit. Et comme à présent, justement effrayé,
il levait vers l'Ange ses regards,
Celui-ci avait disparu. Alors, lentement,
il retira sa lourde toque. Puis il chanta l'hymne de louange.

Rainer Maria Rilke : *La Vie de Marie*,
traduit par Claire Lucques (Arfuyen).

La plainte de ton ange

Ô puisses-tu savoir !
comme ton visage se transforme,
quand je te regarde et que,
soudain, tu te perds en toi-même,
oubliant le pur silence qui t'unit à moi !
Comme un paysage éclairé l'instant d'avant,
Ton visage s'assombrit et se ferme à moi.
Alors j'attends.
J'attends, en silence, souvent bien longtemps.
Et si j'aimais d'un amour humain,
la douleur de ton dédain me tuerait,

Mais le Père
m'a donné une patience sans limites,
J'attends, inébranlable, que tu veuilles bien venir.
Que ce doux reproche ne te soit même pas un reproche,
seulement message pudique.

Christian Morgenstern.

L'ange de la joie

Le ciel sourit, la terre exulte,
les étoiles du matin chantent en chœur,
et les enfants de la lumière sont dans l'allégresse.

Au père céleste chante un nouveau cantique :
chante à la terre-mère, à toute la terre.
Que les cieux se réjouissent et que la terre soit dans la joie,
que les mers, et la plénitude de la vie éternelle, grondent.
Que les champs se réjouissent et tout ce qui y pousse ;
alors les arbres des forêts
loueront la loi sainte.
Au père céleste, chantez avec joie,
vous les cieux des cieux,
et les eaux qu'ils renferment,
vous les montagnes et les collines,
vous les tempêtes qui accomplissez sa Parole,
les arbres fruitiers et les cèdres,
les bêtes à cornes et tous les animaux,
les reptiles et les batraciens,
les rois de la terre et tous les hommes,
les princes et les juges,
les jeunes hommes et les jeunes femmes
les vieillards et les enfants.

Vous accompagnant à la harpe,
chantez au Seigneur un psaume,
Avec des trompettes, et au son des fifres,
Chantez avec joie devant les anges.
Que les flûtes retentissent,
Que les collines s'unissent devant le Seigneur.
Jouez au Seigneur une musique joyeuse, toutes les nations.
Servez le Père céleste et la Mère-terre
Dans la gaieté.
L'esprit de la loi sainte est sur moi,
car les Anciens m'ont oint,
pour apporter de bonnes nouvelles aux humbles.
Ils m'ont envoyé
pour panser les cœurs brisés,
pour annoncer aux esclaves leur liberté,
et aux prisonniers l'ouverture de leurs prisons ;
j'ai pour mission de consoler les affligés,
de leur dépêcher le saint ange de la joie,
d'échanger leurs cendres contre la beauté,
leur affliction contre l'huile de la joie,
leurs épreuves contre l'habit de lumière ;
car les pleurs peuvent durer une nuit,
mais la joie annonce l'aurore.
Ceux qui vont dans les ténèbres,
verront une grande lumière,
et ceux qui vivent au pays de l'ombre de la mort,
seront éclairés par la lumière de la loi sainte.
Tombez, les nuages,
que les ciels déversent leur bonheur,
que les affligés partent dans la joie
et soient conduits en paix :
que les montagnes et les collines
chantent devant eux
qu'ils aient part au festin sacré,
et mangent du fruit de l'Arbre de Vie,

qui se dresse dans la mer de l'éternité.
Que le soleil pour eux ne soit plus seulement la lumière du jour.

Prière des Esséniens.

Je parle aux anges de mes enfants déjà grands

Aux anges de mes enfants déjà grands, je dis :
Les suivez-vous toujours ?
Portez-vous leurs souhaits entre vos mains ?
Connaissez-vous un peu leur solitude, faite de tant de combats intérieurs ?

Et s'ils disent non à vous et à la vie,
vous détournez-vous en pleurs,
ou restez-vous quand même près d'eux ?

Ils ont besoin de vous,
plus qu'au temps de leur enfance,
désespérément besoin de vous,
car la jeunesse est un temps très difficile.
Il faut décider à ses propres risques,
s'arracher aux parents,
tout penser par soi-même,
on ne veut rient savoir des anges.

Ô anges de mes enfants déjà grands !
Une mère n'a plus le droit de s'interposer.
Vous, pourtant, le pouvez.
Une mère ne peut plus donner de conseils,
mais votre sagesse, elle, vient de Dieu.

Tenez bon aux côtés de mes enfants déjà grands,
vous les anges.
Venez à leur secours, dans les forêts,
Aidez-les à trouver le bon chemin,
leur unique chemin.

Viola Renvall.

Miniature extraite du *Bréviaire* de sainte Hildegarde de Bingen (XIIe siècle).

Miniature extraite du *Bréviaire* de sainte Hildegarde (XIIe siècle)

CETTE miniature montre les chœurs d'anges qui se déploient en cercles concentriques et qui vibrent à l'unisson. Ils sont tout yeux et tout ailes. Le grand cercle contient d'autres cercles. Plus ils sont proches du centre, plus les anges se fondent dans la plénitude indifférenciée de l'infini. Le fondement de tous ces chœurs, dans le centre le plus intime, est représenté par un cercle blanc. C'est l'extraordinaire, l'indicible plénitude du Milieu divin.

Tous ces cercles concentriques peuvent être regardés comme un mandala (mot venant du sanskrit et qui signifie cercle). Il sert de support pour la méditation en ce qu'il a la vertu d'orienter pensées et sens, à travers les différents plans de l'image, vers le centre lui-même, vers Dieu. Les cathédrales du Moyen Age sont souvent ornées de rosaces, lesquelles remplissent la même fonction pour le croyant qui médite. Les chamans et les thérapeutes emploient des mandalas pour une autre fin encore, qui est la guérison. Ils sont utiles, en effet, pour l'organisation de la psyché et la structuration des forces de guérison inhérentes à l'âme.

Viens mon ange

Viens, mon ange,
nous conduire au Paradis.

Là-bas, nous serons comme
deux petites fleurs chétives.

Rose Ausländer.

Table des matières

L'impression de cet ouvrage
a été réalisée par CLERC S.A.
18200 SAINT-AMAND-MONTROND – Tél. : 48-96-41-50
pour le compte des EDITIONS DANGLES
18, rue Lavoisier – 45800 ST-JEAN-DE-BRAYE
Dépôt légal Editeur n° 2054 – Imprimeur n° 6029
Achevé d'imprimer en janvier 1996

*"**Grand angle**/Santé"* :

Helmut HARK :

LA FORCE DE GUÉRISON DE L'ARBRE DE VIE.

Traduit de l'allemand par Daniel Béresniak.
Format 15 x 21 ; 272 pages (avec 10 cartes couleurs détachables).

L'Arbre de vie, l'ancien système symbolique des kabbalistes du Moyen Âge, véhicule des archétypes dont le symbolisme nous renvoie directement à nos racines judéo-chrétiennes, à nos empreintes spirituelles et culturelles occidentales. Philosophe et psychothérapeute jungien, Helmut Hark nous montre ici, de manière tout à fait concrète, comment chacun peut utiliser **les forces contenues dans l'Arbre de vie** pour se soigner lui-même. Il inaugure ainsi une méthode psychosomatique unique, qui fera certainement école.
Conçus comme des champs énergétiques, les séphiroth offrent un terreau privilégié pour la guérison et le mieux-être, tant psychique qu'organique ou spirituel. Ils nous proposent leurs symboles, leurs idées forces, leurs énergies. Le lecteur est d'abord invité à répondre spontanément à des questionnaires afin de déterminer sa relation personnelle privilégiée avec l'une des séphiroth, et découvrir pourquoi et comment il peut y trouver de l'aide. Ensuite, pour chaque séphirah, il trouvera de nombreux conseils concrets pour accomplir un véritable travail thérapeutique : méditation, travail sur les couleurs, suggestions et affirmations, thèmes, symboles, analyse de rêves, travail sur les archétypes, conseils pour les thérapeutes, modalités de relations psychosomatiques... Grâce également à 10 cartes couleurs évocatrices des champs d'énergie de chaque séphirah, chacun pourra exercer son intuition et entreprendre un travail méditatif.

Autour de l'image du Christ guérisseur, Helmut Hark nous rappelle que **la santé reste avant tout Amour.** Amour de soi, d'autrui, de Lui... Chacun peut alors plonger dans cette source de vie et en utiliser la force millénaire pour améliorer ses facultés créatrices et son équilibre.

EXTRAIT DE LA TABLE DES MATIÈRES :

Les cartes détachables en couleurs des dix séphiroth – Les colonnes et les niveaux – Les approches de l'Arbre de vie – Les couches profondes...
1. **Malkhuth** – Les images originelles du jardin paradisiaque des rêves – L'inconscient collectif – Les formes embryonnaires de l'âme...
2. **Yesod** – Renforcer les effets des expériences positives – Les manifestations névrotiques – Equilibre et équité...
3. **Hod** – Formation de l'espace vital – Limites et rapport avec l'environnement – Comment tirer profit de ces significations...
4. **Netsah** – Aptitude au plaisir et sens de la beauté – Biorythmes et forces naturelles de la santé – Une image de soi à construire...
5. **Tiphereth** – La puissance curative du plexus solaire – Symboles du milieu intérieur – Le Christ psychosomatique – Accomplissement et guérison...
6. **Geburah** – Des fortifiants pour le combat quotidien – Les pouvoirs de métamorphose des énergies vitales – Accomplissement et guérison...
7. **Hesed** – Bienveillance et cordialité – Tendresse et érotisme – Eros et le dialogue...
8. **Binah** – Plans de vie et image de soi – De la confusion des idées à une nouvelle échelle des valeurs – Pressentiments et rêves de mort...
9. **Hokhmah** – Les conseils de dame Sagesse – Les pressentiments dans le rêve prémonitoire...
10. **Kether** – Plénitude, accomplissement et spiritualité – L'être humain androgyne – La fonction transcendante...

Pour chaque séphirah : Première approche, questionnaire-reflet de la séphirah, suggestions et affirmations, conseils aux thérapeutes...

Dans la même collection :

Ellen BREINDL :

HILDEGARDE DE BINGEN.
Une vie, une œuvre, un art de guérir en âme et en corps.

Traduit de l'allemand par Éliane Kaufholz-Messmer.
Préface du père François Brune.
Format 15 x 21 ; 296 pages ; illustré (avec photos couleurs).

Hildegarde de Bingen, ce nom, hier encore inconnu en France sauf de quelques-uns, se répand actuellement très vite, et ce n'est pas un hasard. Car, à notre époque qui se désagrège dans toutes les directions, il transmet une image unifiée du monde et une image de nous-mêmes en ce monde dont la cohérence et l'ordre sont parfaits – puisque émanant de la « Lumière vivante ».

Hildegarde de Bingen, mystique et sainte du XIIe siècle, étonne d'abord par sa personnalité et par sa vie. Après avoir passé des années dans l'ombre (mais non dans l'inaction), cette femme de grande foi, qui toute jeune déjà avait des visions, est littéralement mandatée par Dieu pour écrire ce qu'elle voit et entend. Le pape Eugène III soutient ses écrits au synode de Trèves devant une assemblée de prélats, et l'autorise à les publier. C'est le début d'une vie publique stupéfiante : Hildegarde intervient dans les affaires politiques du grand empereur Barberousse, et rappelle aussi vertement à leurs devoirs certains princes de l'Église. Elle échange des lettres avec les grands de son époque. Elle est écoutée dans tout le nord de l'Europe.
Tout aussi saisissants sont l'œuvre scientifique (traité de médecine et traité de sciences naturelles) et l'art de guérir que Hildegarde nous a légués. Ils sont, comme ses visions, divinement ordonnés et tiennent compte de l'homme en son unité d'âme et de corps. Loin d'être surannés, ils rencontrent aujourd'hui un intérêt croissant auprès de médecins et d'hommes de science.

Hildegarde de Bingen, une personnalité rarement égalée dans les siècles suivants, une vie riche et féconde, une œuvre magistrale, son application thérapeutique à travers 70 plantes (les plus importantes pour Hildegarde)... c'est tout cela que nous invite à découvrir ce livre.

EXTRAIT DE LA TABLE DES MATIÈRES :

Dans la même collection :

Père François BRUNE :

CHRIST ET KARMA.
La réconciliation ?

Format 15 x 21 ; 352 pages.

Ce nouveau livre est un nouveau défi. Face aux prophètes qui annoncent la fin du christianisme, il réaffirme le rôle absolument unique du Christ, « vrai Dieu et vrai homme ». Face aux théologiens hantés par les philosophies des siècles passés, il nous projette dans l'avenir, vers la rencontre des sciences du futur avec les plus folles intuitions mystiques. C'est cette vision mystique qui permet de rejeter deux tendances opposées que l'on retrouve dans toutes les grandes religions.
Rien ne pourra nous sauver *de l'extérieur,* ni les rites, ni les prières des autres, ni leurs mérites, ni l'enseignement des maîtres – qu'ils s'appellent Bouddha, Mahomet ou même le Christ. Ce n'est pas non plus la dure loi du karma dans sa version primitive : aucune aide à attendre des autres. Chacun pour soi.

Si le monde est comme un hologramme, alors, par-delà le temps et l'espace il y a une osmose d'âme à âme qui fait que chacun agit dans la conscience des autres et peut les aider à se sauver, mais *de l'intérieur.* Et, du centre de l'hologramme, plus que tout autre, rayonne, au fond de chacun, le Christ. Incroyable ? Et pourtant, si c'était vrai ? C'est en tout cas ce qu'affirment tous les mystiques. Découvrez-le dans cet ouvrage facile à lire et captivant comme une aventure fantastique... la vôtre !

EXTRAIT DE LA TABLE DES MATIERES :

Le salut octroyé de l'extérieur dans le christianisme – La prière pour les autres – Théologie du Baptême – Le grand pénitencier – Dérive sacramentelle actuelle...
Le salut accordé de l'extérieur dans les autres religions – En Islam – Dans l'hindouisme – Dans le bouddhisme.
Le salut par soi seul – Théorie absente dans le christianisme...
Le karma dans les nouvelles conceptions occidentales – Allan Kardec – Léon Denis – Mme Blavatsky – Rudolf Steiner – Les auteurs contemporains...
L'unité du cosmos : tous en un, un en tous – Plus rien n'est ce que l'on croyait – Le monde nouveau est arrivé – Quand la science rejoint la mystique...
Tout est créé dans le Christ – L'eucharistie, mystère ou folie ? – Tradition des chrétiens d'Orient et d'Occident – Nous sommes le corps du Christ – Les mystiques l'ont toujours su et l'ont même vécu...
Le royaume de Dieu est au-dedans de vous – Des horizons nouveaux – La source de la souffrance et du mal – Dieu : Enfer, Purgatoire et Paradis...
Dieu a plongé dans notre enfer – Dieu est devenu fou – Dieu doit se laisser tenter – Nos théologiens n'avaient rien compris...
Le mystère du Christ – Retour aux sources – Petite anthologie d'affirmations incroyables – Gloire et souffrance dans le Christ – Le Verbe faisait silence en lui...
Le dossier des témoignages – « Pères » d'Orient et mystiques d'Occident...
La communion des saints – Les saints aussi vont en enfer – Les saints sont associés à l'œuvre du Christ – Les saints agissent en nous – Vraies et fausses interprétations...
A la recherche de convergences – Islam – Hindouisme – Bouddhisme.
De l'hologramme dans le temps à l'hologramme éternel – Vivre concrètement notre hologramme – Extension progressive de l'hologramme – L'hologramme éternel : la Trinité – La divinisation vécue par les mystiques – Dieu, le Christ, plus « éprouvé » que vu.

Dans la même collection :

Hildegunde WÖLLER :

VIVRE LE CHRIST INTÉRIEUR.
Un modèle de réalisation pour chacun.

Traduit de l'allemand par Eliane Kaufholz-Messmer.
Format 15 x 21 ; 240 pages.

Ce livre parle du Christ à ceux qui ne comprennent pas toujours l'Église dogmatique et qui sont néanmoins en quête de spiritualité. Selon H. Wöller, les faits marquants de la vie de Jésus n'ont pas seulement une valeur historique, mais aussi éternelle, exemplaire, qui nous concerne tous. S'appuyant sur cette thèse, elle décrypte les Évangiles ainsi que certains passages majeurs de l'Ancien Testament. Elle se réfère à l'exégèse, mais surtout aux mythologies et à la psychologie jungienne, dégageant de singulières convergences de sens. Ainsi la naissance d'un enfant divin, tout comme la naissance de Jésus, annoncent-elles un renouvellement grâce à une vierge consentant à enfanter par l'esprit. Le mythe du héros et les étapes décisives qu'il franchit se confondent avec le parcours même de Jésus, et peuvent être retenus comme modèle de réalisation pour chacun de ce que Jung désignait par le Soi.

Ces deux parcours, et leurs analogies frappantes, peuvent à leur tour être ordonnés chacun en un cercle – un mandala – qui, s'il est médité, donne lieu à une compréhension directe et approfondie du message de Jésus, et s'il est réalisé dans l'individu, en son âme, lui fait connaître la plénitude de vie. Ainsi, la figure de Jésus est saisie dans sa juste perspective, et le Christ devient vivant en l'esprit et l'âme individuels. Mais par-delà la réalisation de chacun, l'Écriture permet aussi de mieux comprendre les défis du monde moderne : le changement de conscience nécessaire, de paradigme, Hildegunde Wöller le relie au développement sur la terre du royaume de Dieu, et révèle **un Jésus symbole d'une humanité en devenir.**

EXTRAIT DE LA TABLE DES MATIÈRES :

Dans la même collection :

Rüdiger DAHLKE :

MANDALAS : comment retrouver le Divin en soi.

Traduit de l'allemand par Marie-Béatrice Jehl.
Format 15 x 21 ; 336 pages ; abondamment illustré (135 dessins dont 100 en pleine page).

Le terme « mandala », bien que sanskrit au départ, est employé ici pour désigner les formes qui, dans toutes les cultures humaines et à tous les âges, ont servi à représenter l'ordre universel et les puissances divines. Mais c'est une structure que l'on retrouve aussi bien dans la nature et, en fin de compte, au cœur même de la vie. Tout mandala – toute vie – est issu du **centre unique,** de l'unité (Dieu, pourrait-on dire) et de là se déploie dans le monde de la manifestation.

Les mandalas sont des formes parfaites nous permettant d'accéder à la vision de l'essentiel, à la **vision profonde du centre qui est en nous.** Rüdiger Dahlke se propose ici de nous faire redécouvrir ce centre, *notre centre,* de le vivre consciemment. Il nous convie à réintégrer l'unité, à redécouvrir nos racines, notre mandala intérieur, afin que nous puissions mieux croître suivant l'ordre et l'harmonie du cosmos. Les moyens qu'il nous propose sont divers et variés ; le plus saillant consiste toutefois à travailler et à méditer, par le dessin et le coloriage de mandalas, notamment les rosaces médiévales, ces formes parfaites de mandalas propres à notre culture. **Voici donc un livre à vivre** et non pas uniquement à lire. En cela, on peut dire qu'il est véritablement original, voire originel et primordial, car il nous ramène de manière concrète à l'origine première de notre être.

EXTRAIT DE LA TABLE DES MATIÈRES :

Première partie : **L'UNIVERS DES MANDALAS**
Mandalas du monde – Le fil conducteur – Question/réponses – L'homme et le centre – Origine première du mandala – Les mythes de la création – Le point primordial – Pays d'origine du mandala – Haute époque du mandala, époque de crise pour l'homme – Les moyens d'accès au centre – Histoire du mandala – Sacrifice – Rituel de combustion – Danse autour du centre – La roue.

Deuxième partie : **ROSACES ET LABYRINTHES**
Les symboles à travers le temps et les civilisations – Le monde des couleurs – Le symbolisme des couleurs – Le mandala de l'œil – Le monde des formes – La symbolique des nombres – Le salut par les roses – Le symbolisme de la rose – Le voyage au travers du labyrinthe – Méditation sur les points – Retournement – Retour à soi – Le retournement du temps – Illusions – Mandalas de la nature.

Troisième partie : **LE SENS DU SACRÉ**
Habitat et espace sacré – Concentration et mantra – Structure des yantras – Le regard détaché – Exercices visuels – Le jardin d'initiation tzigane – Le monde de la peur et de l'ombre – Le mandala dans l'univers des Indiens – Correspondances des rituels – Rituel moderne de guérison – Les plans énergétiques.

Quatrième partie : **JEUX DE MANDALAS**
Méditation dans une cathédrale – La lumière intérieure – Cheminements instinctifs – Sentiments et émotions – Jeux de groupe – Mandalas de neige.

AVEC 100 MANDALAS PLEINE PAGE À COLORIER.

Dans la même collection :

Lilla BEK (avec Philippa Pullar) :

VERS LA LUMIÈRE.
L'éveil de vos centres énergétiques.

Traduit de l'anglais par Patrick Favro.
Format 15 x 21 ; 208 pages ; illustré.

Le corps humain est un instrument merveilleux, qui est là pour nous aider plutôt que pour nous limiter ; encore devons-nous apprendre à l'utiliser correctement. Nos **chakras** – ou centres énergétiques – qui sont à la fois receveurs, assimilateurs, amplificateurs et transmetteurs d'énergie peuvent nous conduire à un **nouvel univers de vie.** Si nous apprenons à les ouvrir au flot d'énergie universelle, puis à concentrer, canaliser et maîtriser son cours dans les différentes parties de notre corps, nous générons en nous un champ vibratoire **en harmonie avec les forces cosmiques ;** nous devenons capables de transmuter l'obscurité et la négativité, **de créer la lumière en nous et autour de nous.**

Aujourd'hui, nous avons abandonné la sécurité des temples de pierre et nous devons construire un sanctuaire intérieur, un espace sacré à partir duquel notre conscience pourra s'ouvrir à d'autres dimensions, à de nouveaux horizons, à d'autres modèles d'expansion... et **nous unir à la lumière, au Divin.** Ainsi nous devenons capables, à partir du développement de notre corps énergétique, de transcender le monde des formes matérielles et de parvenir à cet état que les mots sont incapables d'exprimer et dans lequel il n'existe plus de limitations.

Lilla Bek, qui a vécu l'éveil de ses centres énergétiques, vous invite, au travers d'exercices de relaxation, de respiration et de visualisation à découvrir à votre tour ce nouvel et splendide univers de vie.

EXTRAIT DE LA TABLE DES MATIÈRES :

Le système – Espace extérieur et espace intérieur – Les premiers chrétiens – Les gnostiques – Le deuxième système nerveux – Les chakras, centres énergétiques – Le flot universel de l'énergie – Les corps de l'homme – Les « formes-pensées » – L'aura.
La base du corps – Les orgasmes – Bon et mauvais usage de l'énergie sexuelle – Les ténèbres et la lumière – La force de gravité – La magie noire – Le nettoyage – Exercices...
L'abdomen – La relaxation – L'assimilation – La bénédiction de la nourriture – Le jeûne – Le végétarisme – Allergies – Ulcères et cancer – Anorexie – Exercices...
Le plexus solaire – Le centre de la conscience du « je » – Le chakra de la percée spirituelle – L'insécurité – Le culte de l'or – Peur – Phobies – Médicaments et drogues – Schizophrénie – Pour renforcer le plexus – Exercices...
Le cœur – La conscience du Tout – La puissance de l'amour – Les valeurs matérialistes – Tomber amoureux – Suggestions pour renforcer le cœur – Respirer et échanger de l'énergie dans le cœur – Méditation et relaxation pour le cœur...
La gorge – Le pouvoir des mots – Le son – Vomir – L'hypnose et le mesmérisme – Les commotions cérébrales – Le tabac – La respiration – Exercices...
Le troisième œil – L'ouverture à des vies différentes – Fantômes – Voix – Voir l'invisible – Les esprits de la nature – Contagion psychique – État dépressif – Glande pituitaire – Étourdissements – Maux de tête – Pour améliorer le troisième œil – Exercices...
Le sommet de la tête – Les anges – Réincarnation et karma – La mort.

Dans la même collection :

René SIDELSKY :

LE POUVOIR CRÉATEUR DE VOTRE PENSÉE pour réussir votre vie.

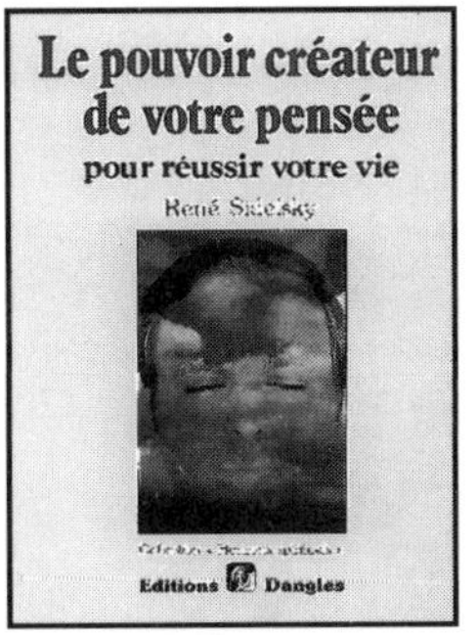

Format 15 x 21 ; 304 pages, illustré.

C'est nous-même, par notre façon (positive ou négative) de penser, qui créons à chaque instant le monde dans lequel nous vivons. Lorsque les pensées que nous accueillons ou émettons sont **vraies, justes** et, par conséquent, **en harmonie** avec la réalité de la Vie et du Monde, nous connaissons la joie de vivre et d'être, ainsi que la paix intérieure. Nous sommes les seuls responsables de notre état d'être et **avons en nous le pouvoir de toute réalisation.** Il suffit de savoir comment l'utiliser pour nous accomplir et réussir pleinement notre vie sur tous les plans.

Par des méthodes précises, simples, faciles à mettre en œuvre et extraordinairement efficaces, ce livre vécu vous invite à utiliser dès aujourd'hui l'**immense pouvoir créateur de votre pensée** pour façonner votre propre vie et votre propre monde dans lequel vous aimerez évoluer. Très rapidement, votre existence va devenir une quête efficace et accomplie de la joie, du bonheur, de la plénitude, un chemin fleuri vers l'accomplissement. Engagé sur cette voie, vous deviendrez un centre de conscience, de joie et d'amour que vous rayonnerez alors autour de vous, pour le plus grand bien de ceux qui vous entourent. La Vérité et sa quête rendent libre et heureux.

EXTRAIT DE LA TABLE DES MATIÈRES :

Première partie : **Réussir sa vie par la maîtrise de la pensée.**
Qu'est-ce que réussir sa vie ? – Le pouvoir créateur de l'univers, de la vie, de la pensée – La hiérarchie des pouvoirs – Décalogue de la maîtrise de la pensée : les mots ont un pouvoir ; toute pensée produit des effets ; par ma pensée, je crée l'univers dans lequel je vis ; l'Univers fonctionne exactement de la façon dont je le pense ; la qualité de mes pensées détermine la qualité de ce que je vis ; l'Univers me renvoie multiplié ce que j'émets par mes pensées ; je reconnais et cultive les pensées fécondes ; je reconnais et j'élimine les pensées néfastes ; je suis vigilant dans la formulation de mes pensées…

Deuxième partie : **Les techniques de la maîtrise de la pensée.**
Être vigilant dans ses pensées – Savoir reconnaître une pensée vraie d'une fausse – Aller directement au bien – Méthode du « nouveau point de vue » – Méthode d'« exploration » – Méthode « des trois personnes » – Méthodes de visualisation – Autres méthodes (le répertoire ; les trois cents objectifs ; affirmations debout en face à face ; affirmations devant le miroir ; ouvrir ses volets le matin ; chanter OM en marchant ; les contrats) – « L'oiseau migrateur » – Vaincre les éventuelles résistances aux méthodes – L'empreinte de la naissance – Le rebirth, son utilité – Durée de pratique d'un exercice…

Troisième partie : **Domaines précis d'application.**
Difficulté d'identité – La spasmophilie – La réussite dans les études, la motivation – L'argent – L'Action sur les autres par la pensée – La guérison mentale des affections physiques – La relation à la nourriture – L'image du corps, l'image de soi – La vie professionnelle, de couple, sexuelle – La communication – La vie familiale – La vie spirituelle.